TESTIMONIOS INDISCRETOS

El poder detrás del espejo

Carlos Antonio Carrasco

Lic. Carlos Antonio Carrasco F.
MINISTRO DE EDUCACION Y CULTURA

Para mis queridos nietos
HELOÏSE, JOAQUIM Y ZACK ANTONIO

AL EMBAJADOR CARLOS ANTONIO CARRASCO

QUE FUE UN GRAN EMBAJADOR DE BOLIVIA EN FRANCIA, EN TESTIMONIO DE ESTIMA Y DE RECONOCIMIENTO, CON MI MAYOR CORDIAL AMISTAD

JACQUES CHIRAC

11 DE SEPTIEMBRE 1997

TESTIMONIOS INDISCRETOS

El poder detrás del espejo

Carlos Antonio Carrasco

Testimonios Indiscretos es una reflexión fruto de mi lectura de varios hechos históricos en los que me tocó participar ora como simple testigo o como activo actor y simplemente sonreír ante la falsificación del episodio contado. Héroes convertidos en villanos y viceversa. Impostores reciclados en genuinos conductores de los pueblos o improvisados funcionarios públicos alabados como estadistas.

INDICE
INTRODUCCIÓN

Rey Juan Carlos
Reyna Elizabeth II
Juan Domingo Perón
Raúl Alfonsín
Carlos Saúl Menem
Juscelino Kubitschek
José Sarney
Fernando Henrique Cardoso
Luiz Inacio Lula da Silva
Adrianne Clarkson
Ricardo Lagos
Álvaro Uribe
Juan Manuel Santos
José Figueres Ferrer
Daniel Oduber
Luis Alberto Monge
Rodrigo Carazo
Fidel Castro
Rodrigo Borja
John F. Kennedy
Bill Clinton
Cheddy Jagan
René Preval
Ramón Villeda Morales
Carlos Roberto Reyna
Alfonso López Mateos
Anastasio Somoza
Fernando Agüero
Violeta Barrios de Chamorro

Carlos Antonio Carrasco

Introducción

Historiadores, cronistas, periodistas, investigadores y hasta novelistas, retratan a los protagonistas de la historia contemporánea, basados en terceras fuentes o bebiendo en la inagotable laguna de la imaginación. Unos apegados a la hagiografía por su simpatía y otros siguiendo leyendas negras alimentadas por el odio o la antipatía que les inspiran los personajes cuestionados. Difícil exigir objetividad o comprobar la veracidad de las alegorías narradas. Esta reflexión es fruto de mi lectura de varios hechos históricos en los que me tocó participar ora como simple testigo o como activo actor y simplemente sonreír ante la falsificación del episodio contado. Héroes convertidos en villanos y viceversa. Impostores reciclados en genuinos conductores de los pueblos o improvisados funcionarios públicos alabados como estadistas. En resumen, en todas las latitudes, esas exageraciones existen y son -a veces- inevitables. Por todos esos motivos, he decidido los dramatis personae pintados en este libro y las circunstancias en que los conocí y frecuenté, son testimonio de primera mano que, contribuirá al lector a evaluar mejor su opinión sobre el tema, con lo cual habré logrado alcanzar mi aspiración de ser un acucioso observador de las trastiendas históricas.

Deseo expresar mi sincera gratitud al editor de The Little French Book por la revisión cuidadosa del texto y su diagramación y por la difusión y distribución en el mundo.

World is a stage, the cast is badly made
Oscar Wilde

REY JUAN CARLOS I (1938-........)

Del 11 al 17 de abril de 2003, se realizó la visita oficial a Madrid, del presidente de Bolivia Gonzalo Sánchez de Lozada quien fue recibido con todos los honores reservados a los huéspedes ilustres. A la comitiva se nos alojó en el magnífico Hotel Ritz, frente a los jardines del Retiro. Nota saliente del viaje fue el almuerzo privado ofrecido el 14 de abril en honor de Gonzalo Sánchez de Lozada y su esposa Ximena, por los reyes de España, en el palacio de la Zarzuela. En el pórtico palaciego nos esperaba el príncipe de Asturias sonriente, amigable e interminablemente alto. En un engalanado salón interior, la pareja invitada y yo, como jefe de protocolo, saludamos al rey Juan Carlos y a la reina Sofía (ambos nacidos en 1938). Esta vez, el rey me pareció víctima de aquello que los franceses llaman coup de vieux o sea un golpe repentino de vejez inevitable.

Poco tiempo después, el 15 de noviembre de 2003, se inauguraba en Santa Cruz, la XII Cumbre Iberoamericana de Jefes de Estado y de Gobierno y en la revisión del hospedaje en el Hotel Los Tajibos, el protocolo español, pidió dormitorios separados para sus reyes (secreto de alcoba) . El rey, como es habitual presidió la cumbre y una vez finalizada ésta procedió con su viaje de retorno, el 17 de noviembre y, cuando lo despedí en la escalerilla de su enorme avión real, presumí, por error que la Reina Sofía, ya se encontraba en la nave. No obstante, la mañana siguiente, muy temprano, me encontré con ella en uno de los pasillos del hotel. Sin mayor preámbulo, me preguntó cuál era el salón del desayuno y tuve que acompañarla a la planta baja donde ya se encontraba su embajador y su edecán de seguridad. Prontamente movilicé mi personal en el aeropuerto y acompañé a la Soberana hasta la salida de su vuelo, hacia Miami, por línea regular de American Airlines. En nuestra larga charla me explicó que cambió la ruta de su retorno, porque debía cumplir un compromiso en Florida, antes de volver a Madrid. Fue la ocasión en que me felicitó por la organización de la Cumbre y me confió que fue la mejor "y conste" dijo "que asistí a todas, excepto la de Brasil…". Mas adelante, al comentar aspectos atingentes a la situación política de Bolivia, me preguntó "Y…. qué haréis con vuestro Evo…?" La respuesta le dio la historia, dos años después, cuando el 18 de diciembre de 2005, Evo ganó las elecciones para la presidencia de la República. Juan Carlos I reinó de 1975 a 2014, año en que abdicó en favor de su hijo, el hoy monarca Felipe VI. Juan Carlos a sus 83 años, itinerante en sultanatos árabes, soporta reproches de fraude fiscal y otros, testimoniados por Corinne Larsen, aristócrata alemana, antigua amante, convertida ahora en implacable acusadora.
La donna e mobile !

REINA ELISABETH II (1952……)

Elisabeth II, nació el 21 de abril de 1926 y continúa siendo no solo la soberana del Reino Unido de Gran Bretaña y de Irlanda del Norte, sino también de quince otros Estados independientes agrupados en el Commonwealth. Habiendo sido destinado a la embajada de Bolivia en Londres, como Segundo Secretario (1957-1959) tuve la ocasión de acompañar al embajador Víctor Paz Estenssoro al banquete anual que ofrecía la Reina al cuerpo diplomático en el palacio de Buckingham. Las limusinas se sucedían unas a otras en filas perfectamente ordenadas, una hora antes del ingreso señalado en la invitación oficial. Una vez en el salón de dorado oropel, la pareja real junto a la reina madre, la princesa Margarita y la princesa Alexandra de Kent, saludaron una a una a las misiones invitadas. Frases cortas de puntual cortesía se sucedían antes de entrar la enorme mesa suntuosamente ordenada. Era una chance para escudriñar de cerca los rasgos somatológicos de esa realeza. La reina elevada en su 1.63 cms mostraba a sus 31 años simpatía natural, saturada de aquella belleza sin galas. En cambio, en Margarita destellaban sus dulces ojos verdes, aunque se la veía aún más pequeñita al lado de su prima Alexandra, alta, formas apetitosas y…verdaderamente guapa. Concentrado en ellas, me abstuve de estudiar a Felipe, el consorte de permanente sonrisa.

La segunda vez que estuve frente a Su Graciosa Majestad fue durante la ceremonia de presentación del nuevo embajador Manuel Barrau Peláez que reemplazaba a Víctor Paz Estenssoro . Entregadas las cartas credenciales, Manuel Barrau Peláez me presentó a la Reina. Frente a ella, remarqué el cambio drástico operado en su perfil: mostraba un avanzado estado de gestación, que ni su elegante y holgado traje celeste podía disimular. Era el príncipe Andrés que crecía impetuosamente en su monárquica cavidad.

Desde entonces solo he visto a Su Majestad, por la televisión, constatando el paso y el peso cruel de los años que golpean por igual a los habitantes de este valle de lágrimas. Hace unos meses la reina cumplía 95 años y casi 70 de reinado, enterraba a su marido el príncipe Felipe, duque de Edimburgo y participaba en la cumbre del G7, realizada en Carbis Bay. Siempre elegante, cobijada bajo ostentoso sombrero y portando su inefable cartera de misterioso contenido. En tanto que su hijo mayor Charles, envejece rápidamente pensando en una abdicación que tarda en producirse. C'est la vie!

Argentina:

Juan Domingo Perón

JUAN DOMINGO PERÓN (1895-1974)

Fue en febrero de 1955 que el ministro de Educación boliviano (Federico Álvarez Plata) me convocó a su despacho para ofrecerme la beca "Juan Domingo Perón" que consistía en el financiamiento completo para seguir una carrera universitaria en la Argentina. De esa manera llegué Buenos Aires en marzo de ese mismo año. Me matriculé en la facultad de derecho de la Universidad de Buenos Aires y, paralelamente, en la Escuela Superior Peronista que era, en esencia, un centro de cuadros destinada a altos funcionarios públicos afines al Partido Justicialista. Como dirigente estudiantil, asistí en representación de Bolivia a un conclave internacional convocado por la Organización Mundial Universitaria y el 17 de junio de 1955, los participantes fuimos recibidos por el presidente de la Nación Argentina, en la residencia presidencial de Olivos. Llegamos allí, en horas de la mañana, e ingresamos por la puerta principal, escoltada por los "Granaderos a caballo". El general Juan Domingo Perón nos esperaba en su despacho. Uno a uno nos fuimos presentando, declarando nombre y país de origen al estrechar su mano. De elevada estatura, garbo deportivo, con una inefable sonrisa que irradiaba simpatía, vestía traje de blanco-marfil, camisa blanca, un monín negro como corbata y una cinta también negra en el brazo izquierdo, en señal de duelo por el reciente fallecimiento de Evita (su poderosa esposa idolatrada por las masas desposeídas).

Sus manos mostraban incipientes pecas de senectud y su anular izquierdo lucía una sortija de oro macizo con el peculiar escudo peronista.

Rápidamente entramos en inusitada confianza contagiada por la sencillez del ilustre anfitrión. Juan Domingo Perón buscó afanosamente sus cigarrillos y encendió un Chesterfield . Alguien le dijo "Ah Su Excelencia fuma tabaco americano ? " Juan Domingo Perón sonriendo replicó: "Por ahora es la única forma que los puedo "fumar" a los americanos" En esos momentos existía una viva tensión con Washington.

Al despedirme, le avisé que gozaba de la beca "Juan Domingo Perón" y me dijo "Mas que eso, ustedes son mis invitados y cualquier necesidad que tengan, háganmelo saber. Usted sabe que sigo los acontecimientos en Bolivia con la mayor atención. Tengo un especial afecto por Paz Estenssoro" "Por el momento, General, yo desearía tener una fotografía suya autografiada.." y es así como conservo la efigie de Juan Domingo Perón, hasta hoy. 1955 fue un año de incesante tensión entre la conspiración de militares desafectos, estimulados por la sórdida oposición de la Iglesia Católica. Por ello, junto a la juventud militante, el 1 de Mayo, concurrí desde horas de la mañana hasta la noche al pie de la Casa Rosada, participando de aquella masiva manifestación de apoyo a Juan Domingo Perón. Igual demostración de fuerza popular se realizó también el 31 de agosto. No obstante, el día 15 del mismo mes, estalló el golpe encabezado por un triunvirato militar de las tres fuerzas que forzó a Juan Domingo Perón a refugiarse en una cañonera paraguaya estacionada en el rio de la Plata. El destierro de Juan Domingo Perón duró 18 años pese a la fortaleza del movimiento peronista y solo pudo volver a Buenos Aires cuando fue favorecido con el voto popular que lo ungió nuevamente presidente el 12 de octubre de 1973 hasta su muerte el 1 de julio de 1974, a los 79 años.

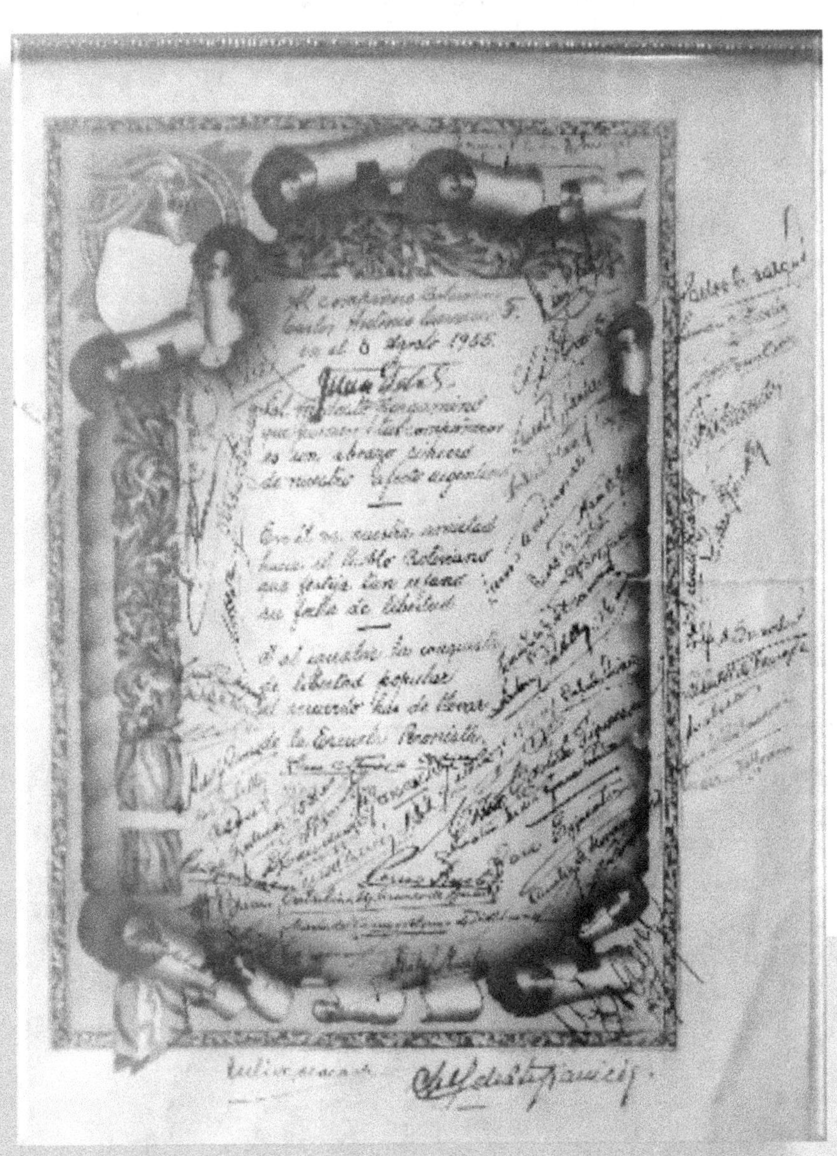

Al compañero Carlos Antonio Carrasco

" El modesto pergamino
que firman tus compañeros
es un abrazo sincero
de nuestro afecto argentino.

En el va nuestra amistad
hacia el pueblo boliviano
que festeja tan ufano
su fecha de libertad.

Y al igualar la conquista
de redención popular
el recuerdo has de llevar
de la escuela peronista".

Buenos Aires, 6 de agosto de 1955

RAÚL ALFONSÍN (1927-2009)

Hacia el otoño de 1987, cuando desempeñaba el puesto de Director para América Latina y el Caribe de la UNESCO, encabecé una delegación inter-sectorial para coordinar nuestra cooperación con Argentina. Por gestión del secretario de Cultura, Marcos Aguines, visitamos en pleno, al presidente Raúl Alfonsín en la Casa Rosada, a quien explicamos el motivo y los alcances de nuestra misión. Sin embargo, el afable mandatario, entonces sesentón fingía escucharnos, pero su mente estaba atrapada por una obsesión: su proyecto "Patagonia" que consistía-en breve- en el traslado de la capital federal hacia aquella desolada pampa. Raúl Alfonsín ponía todo su empeño y entusiasmo en aquella iniciativa, pero exageraba tanto que parecía como poseído por la idea. Le hablábamos de ciencia y tecnología o de comunicación y
Raúl Alfonsín volvía a "Viedma "nombre de la futura capital, a donde nos invitó a viajar, gentileza que declinamos cortésmente.

Me recordó al brasilero Juscelino Kubitschek, creador de Brasilia o al africano Houphouet-Boigny, constructor de Yamoussoukro, la capital alternativa de Costa de Marfil. Mientras ambos, lograron su objetivo, Raúl Alfonsín no pudo hacerlo.
Raúl Alfonsín, primer presidente civil luego de las dictaduras militares y de la desastrosa guerra de las Malvinas, no pudo terminar su mandato al que renunció 5 meses antes de término (1983-1989). Raúl Alfonsín, trasuntaba honestidad con su copioso bigote negro, cabello entrecano y pinta de abuelo bondadoso. En su ejecutoria, origen de su mandato y desprendimiento personal, tenía notorio parecido con su par boliviano Hernán Siles Zuazo. Tanto aquel como Raúl Alfonsín , abogados, debutantes de la era civil, recortaron su periodo y forjaron las bases democráticas, destruidas por largos años de tiranía castrense.
Raúl Alfonsín, a sus 82 años, un cáncer al pulmón, se lo llevó, en Buenos Aires, el 31 de marzo de 2009.

CARLOS SAUL MENEM (1930-2021)

El primer encuentro que tuve con Carlos Saúl Menem fue cuando como Director para América Latina y el Caribe de la UNESCO, lo conduje al despacho del Director General Amadou Mahtar M'Bow. Entonces Carlos Saúl Menem era Gobernador de la provincia de La Rioja y llegó en tal carácter a Paris, en 1987. Francamente, me asombró la apariencia física de Carlos Saúl Menem: de mediana estatura, lucía descomunales patillas, abundante cabello negro, grandes ojos de sueño sirio, ampulosa nariz y estuche dentario de origen que se ofertaba en amables sonrisas. Vestía un sacón de cuero, camisa a cuadros multicolores y botines marrones con elevados tacones. Al comentar con el Director General esta singular aparición, me dijo "Oui, mais on dit qu'il a un brillant avenir politique" (si, pero se dice que tiene un brillante futuro político) Prognosis que resultó ser cierta, porque diez años más tarde, en la embajada argentina, el 26 de febrero de 1996, esta vez como embajador ante Francia, saludaba a Carlos Saúl Menem, cuando cumplía visita oficial a Paris, como presidente de la Nación Argentina. Luego de la presentación edulcorada que hizo mi homologo Archibaldo Lanús, al concluir frases de cortesía, me dijo " Ud. sabe que yo quiero mucho a Bolivia" y luego, descuidando a sus invitados, concentró su atención a conversar animadamente con sus propios agregados militares asignados a esa misión diplomática. Un político a tiempo completo que rigió los destinos argentinos por diez años (1989-1999).
Un político a tiempo completo que rigió los destinos argentinos por diez años (1989-1999).

Al día siguiente en la recepción ofrecida su honor, por el Alcalde de Paris, me permití asistir acompañado de la super modelo afro lusitana Tasha de Vasconcellos (que había retornado de Bolivia, al cabo de una misión de UNICEF) y, en el besamanos de rigor, Carlos Saúl Menem que por su nivel alcanzaba a clavar las pupilas solo a la altura del pectoral de mi amiga, visiblemente cautivado, reteniéndole las manos le dijo "la invito a visitar la Argentina, donde nosotros tenemos también infancia desprotegida" Esa tendencia de su papilla gustativa, explica su posterior matrimonio con la Miss Universo chilena Cecilia Bolocco que por el desface generacional únicamente duró 6 agitados años (2001-2007). No obstante que -como expresidente- era senador vitalicio.
Carlos Saúl Menem soportó incesante persecución judicial sindicado de tráfico de armas, hasta su muerte por grave afección pulmonar, a los 90 años, el 14 de febrero de 2021.

Brasil:

JUSCELINO KUBITSCHEK (1902-1976)

Entre los grandes presidentes del Brasil, figura en prominente lugar Juscelino Kubitschek aquel hijo de inmigrantes checos, cuyo carisma le ayudó a seducir a sus compatriotas para llevar adelante su vocación de visionario, siendo la actual capital, Brasilia, su obra maestra. Esa utopía urbanística meta primordial de la "marcha al oeste" animada por Juscelino Kubitschek para conquistar el hinterland del inmenso territorio brasilero. Su mandato presidencial de 1956 a 1961 fueron breves para que Juscelino Kubitschek plasme en realidad sus más osados sueños de constructor del futuro. Cuando ejercí como embajador-representante de UNESCO (1984-1986) no pude dejar de recordar haber recibido a Juscelino Kubitschek en visita en La Paz, invitado por Víctor Paz Estenssoro . Era el 11 de febrero de 1963. Descendió del avión, con su esposa y sus dos atractivas hijas, de las que recuerdo a Marcia que, veinteañera, envuelta en un abrigo de piel ocultaba los tesoros de su juventud y de su singular hermosura. Al día siguiente Víctor Paz Estenssoro ofreció en honor de Juscelino Kubitschek, un banquete de Estado con cien invitados ataviados de frac y condecoraciones. Por la noche, junto a un colega de protocolo, invitamos a Marcia y su hermana a recorrer la noche paceña, cortesía que se prolongó hasta las dos de la mañana, hora en que volvimos a la residencia de la embajada. Para sorpresa nuestra, en el salón nos esperaban-preocupados- Juscelino Kubitschek y el embajador. Como sobraban las excusas, improvisé como broma ofrecer dar término al secuestro de las "princesas" a cambio de una fotografía dedicada por Juscelino Kubitschek, la misma que conservo como preciado memento.

Juscelino Kubitschek, era elegantemente alto, delgado, moreno claro, obsequiaba por doquier su avasallador carisma, con la magia de su mirada cuyas pupilas parecían empeñadas siempre en el futuro. A sus 73 años, Juscelino Kubitschek falleció el 22 de agosto de 1976, en aquel trágico accidente de tránsito, que se investigó durante mucho tiempo, ante la presunción sostenida que podría tratarse de un homicidio planificado.

JOSÉ SARNEY (1930-.......)

En 1985, la elección de Tancredo Neves como primer presidente civil, luego del largo rosario de dictaduras militares que se inició con el golpe de Estado del 31 de marzo de 1964, presagiaba una nueva época en la mayor democracia de América del Sur. Neves, de muy baja estatura, calvo y serio, político de Mina Gerais, había sido primer ministro en el gobierno de Getulio Vargas y venía precedido de una sólida reputación de estadista. Lamentablemente, a sus 75 años, una diverticulitis fulminante, lo llevó a la tumba el 21 de abril, unos días antes de la fecha de su juramento. En su entierro, un millón de personas lloraron desconsoladamente en las calles de Brasilia, dándome a pensar que el duelo sería largo y que alteraría la transición. No fue así. El llanto se trocó en ovaciones para José Sarney quien, como presidente del Senado, asumió automáticamente el mando de la Nación. Desde luego ya se habían cursado cuatro mil invitaciones para la radiante recepción inaugural en el Palacio de Itamaraty, las que continuaron vigentes, con la sola variante del nombre del Presidente.

Pocos días después, aconteció la visita oficial a Brasil, de Amadou Mahtar M'Bow, Director General de la UNESCO y, en tanto que su embajador en Brasilia me correspondió organizar un copioso programa. Pero, evidentemente, la actividad culminante fue la audiencia especial con el presidente José Sarney hábil e incombustible político cuyo feudo es el Estado de Maranhao, en el noreste brasilero. José Sarney nos recibió en su despacho del Palacio de Planalto. José Sarney es hombre de mediana estatura, de nariz colorada, bigote grisáceo estilo escobilla, sonrisa esquiva y francés elemental. Fue su coterráneo y mutuo amigo, el escritor Josué Montello quien me había advertido la entusiasta vocación de JS por la literatura, calidad que lo acercaba a un organismo eminentemente cultural como la UNESCO. Durante la charla, el solo citar que me había complacido leer la traducción al francés de su libro Saraminda, le produjo indisimulada satisfacción. Cumplido sin mayor alteración su periodo presidencial (1985-1990) José Sarney continuó vigente en la política, hasta su reciente retiro en Maranhao donde celebró su 91avo. aniversario natal.

FERNANDO HENRIQUE CARDOSO (1931....)

Académico, par excellence, eminente profesor, profundo pensador, difundido autor, sociólogo reconocido internacionalmente, Fernando Henrique Cardoso ingresa a la política con notable éxito en carrera acelerada, como senador, ministro de finanzas, luego de relaciones exteriores y finalmente presidente de la República por dos periodos consecutivos (1995-2003). En Santa Cruz de la Sierra, con Fernando Henrique Cardoso ya expresidente, en 2006, tuvimos una agradable charla de sobremesa en el hotel Los Tajibos, donde se hospedaba junto a Tarsicio, su fiel secretario. Conversar con Fernando Henrique Cardoso es escuchar una clase magistral, sea sobre los vericuetos sociológicos de la comunidad nacional, las tendencias del capitalismo contemporáneo o simplemente las conjeturas de la circunstancia política del momento.

La última vez que alternamos con Fernando Henrique Cardoso fue en ocasión de su entronización como miembro de la Academia de Ciencias de Ultramar de Francia en Paris, en 2019 ese día, comentamos la reciente aparición de mi libro Las guerras, el sexo y la política y bromeamos sobre las connotaciones que acarreaba ese título. Su incorporación a la Academia de Ciencias de Ultramar de Francia, significa que somos dos los latinoamericanos elevados con esa distinción.

Fernando Henrique Cardoso, a sus 90 años, es alto, ahora con el cabello blanco, que aumenta aún más su natural elegancia. Afable y atento escucha de sus interlocutores, une a su modestia la solidez de su personalidad.

Fernando Enrique Cardozo

LUIZ INACIO LULA DA SILVA (1945-……..)

Luiz Inacio Lula da Silva

El segundo mandato (2002 – 2003) del boliviano Gonzalo Sánchez de Lozada se caracterizó por una fluida comunicación con sus pares de los Estados vecinos. La fuerte presencia brasilera en Bolivia, particularmente en el sector hidrocarburifero imponía una relación especial. Apenas unas semanas después de haberse posesionado en el cargo, se logró con Luiz Inacio Lula da Silva, "Lula" el 27 de abril de 2003, un inédito encuentro en Brasilia: la reunión mixta de los dos gabinetes ministeriales presidida conjuntamente por sus respectivos mandatarios, que tuvo lugar durante toda la jornada en el palacio de Itamaraty. Lula se estrenaba en el ruedo diplomático y su impericia era notoria, en las conversaciones, por la incesante búsqueda con sus pupilas al asentimiento de sus colaboradores. Figura estelar en el conclave fue la robusta presencia de Dilma Rousseff quien, con el tiempo, ascendería a Premier y, luego, a sucesora de Lula en la presidencia. Al término de la reunión, se suscribieron unos tres convenios de relativa importancia bilateral.

La despedida estuvo adornada de las habituales fotos de familia, alrededor de un eufórico Lula que luego estrechaba la mano de los circundantes, con la diestra suya, donde le falta un pulgar.

La siguiente oportunidad de encontrar a Lula fue en ocasión de la XII Cumbre Iberoamericana de Jefes de Estado y de Gobierno, realizada en Santa Cruz, del 15 al 17 de noviembre de 2003. Lula mantuvo una discreta participación en las deliberaciones y más bien, multiplicó reuniones bilaterales con algunos de los asistentes. Aunque entusiasta socialista siguió el buen tino de no participar en la denominada "cumbre paralela" animada por el entonces solo dirigente sindical Evo Morales.

Lula, genuino obrero metalúrgico, líder sindical sin par, forjador del Partido de los Trabajadores de mediana estatura luce una barba copiosa y, ahora, grisácea en juego con sus cabellos. Es, indudablemente carismático y orador sincero y convincente.

Lula cumplió una remarcable tarea de gestión de gobierno durante ocho activos años (2003-2011) en los cuales, su principal éxito fue sacar a mas de 30 millones de brasileros del nivel de pobreza extrema, además de otros programas de avance social. Fue sucedido en el puesto por Dilma Rousseff (2011-2016) que siguió sus pasos, pero cuya gestión se vio empañada por serias acusaciones de corrupción que alcanzaron también a Lula, su mentor, a quien se condenó a 12 años de prisión firme. No obstante, en 2021, la Corte Suprema de Justicia absolvió los cargos que se le reprochaban y hoy, nuevamente, se perfila como serio contendor en las elecciones presidenciales de 2022.

Canadá:

ADRIANNE CLARKSON (1939.......)

A la inevitable pregunta a los diplomáticos destinados a Ottawa, acerca del tiempo que ya llevan en el país, la resignada respuesta es "tres inviernos". Es decir, en Canadá el tiempo no se mide en meses o años, sino en las crudas temporadas invernales que los moradores nativos o transeúntes, han sobrevivido. Después de la carcajada de rigor, todos convienen en la beldad del territorio y el calor humano de sus habitantes, que mitiga los efectos de vivir- a veces- 40 grados bajo cero.

Antes de presentar las cartas credenciales que me acreditaban como embajador de Bolivia, repasé el texto suscrito, el 19 de febrero de 2004, por el presidente Carlos D. Mesa Gisbert, dirigido a "S.M. Elizabeth II por la Gracia de Dios del Reino Unido, Canadá y sus otros Dominios y Territorios, Reina, Jefe de la Mancomunidad, defensora de la Fe". En efecto, la Reina es la jefe de Estado, representada – entonces - por la Gobernadora General Adrianne Clarkson.

Adrianne Clarkson nacida en Hong Kong, llegó a Canadá junto a sus padres, como refugiada. Estudió literatura inglesa y domina también el francés, condición esencial en ese Estado bilingüe. Fue conocida presentadora de televisión antes de entrar a la función pública. Con estricto protocolo me recibió en la residencia presidencial de Rideau Hall, y luego de los habituales introitos de cortesía, entró de lleno a ese tema tan caro a la sensibilidad de un país que cultiva el privilegio de conservar aún, en su seno, a ciertas "primeras naciones"

Adrianne Clarkson se interesaba sobre las condiciones de vida de las comunidades indígenas en Bolivia y al respecto, en el cuidado materno-infantil, ponderó los beneficios de amamantar a los recién nacidos con la leche materna. Interrumpí a mi lustre contertulia para advertirle que esa costumbre también se mantenía en las capas citadinas y que yo mismo fui beneficiado con esta tendencia. "Hasta que edad ?", preguntó la Gobernadora y le respondí: "Hasta mis 18". Ante su gran sorpresa, aclaré prontamente: "meses, por supuesto". Mas adelante, replicando su curiosidad acerca de la vigencia del plurilingüismo en Bolivia, le precisé que tanto el quechua, el aimara o el guaraní, no eran dialectos, sino lenguas vernáculas perfectamente estructuradas y bajo su invocación, le recité una frase en quechua "Munakuanquichu munakusunaipaj sutinta willaway sakepunasuypaj". "Tiene una bella entonación" me dijo.

Adrianne Clarkson terminó su periodo iniciado en 1999, el 27 de septiembre de 2005 y fue reemplazada por Michaelle Jean, nacida en Haití, preservando así la fisonomía de la democracia federal de aquel Canadá bilingüe y pluricultural.

Chile:

RICARDO LAGOS (1938-.....)

La restauración de la democracia en Chile, luego de la larga noche dictatorial del pinochetismo (1973-1990) permitió la irrupción en la vida política de notables figuras de todo el espectro, desde el conservadurismo más extremo hasta la izquierda moderada o el socialismo democrático. Entre ellas, figura Ricardo Lagos, abogado, doctorado en la universidad de Duke (USA) hábil parlamentario, concertador de alianzas que le permitieron alcanzar la presidencia de la República (2000-2006). Las frecuentes cumbres convocadas en 2003, brindaron la chance de observar de cerca a Ricardo Lagos, sea en la cumbre presidencial del Grupo de Rio, efectuada del 23 al 25 de mayo, en Cusco, donde fue notoria la polémica desatada por Ricardo Lagos con el venezolano Hugo Chávez Frías a propósito de la intervención de organismos regionales en asuntos internos de los Estados miembros. También fue importante la cumbre del MERCOSUR, realizada en Asunción del 15 al 17 de junio, porque en aquella época en Bolivia se debatía con ardor la posibilidad la posibilidad de exportar gas natural por un ducto que atravesaría territorio chileno. Esa coyuntura despertó enorme expectativa en la opinión pública de ambos países y por lo tanto las vinculaciones bilaterales eran más bien furtivas. Por ello, se organizó un desayuno de trabajo el 18 de junio entre Ricardo Lagos y el presidente boliviano Gonzalo Sánchez de Lozada el mismo que tuvo lugar en una suite del hotel *Yatch and Golf Club* a las 8 de la mañana.

Diez minutos antes, estuve allí, para los preparativos de rigor, cuando se presentó solo y de improviso Ricardo Lagos. Fresco, trascendiendo a lavanda, engarzado en un elegante traje gris claro y de excelente humor me saludó galanamente. Un enorme ventanal nos mostraba en todo su esplendor el rio Paraguay, ocurrencia que me permitió relatarle el objetivo boliviano, en la guerra del Chaco, de llegar a esa ribera para alcanzar el Atlántico. Desde el inicio del desayuno el tema de mayor recurrencia fue el pleito entre los dos países, por las aguas del Silala. Gonzalo Sánchez de Lozada pedía, insistía y clamaba por una compensación económica, así fuese simbólica. Lagos no transigía persistiendo en el principio que cualquier pago significaría capitulación en el principio de que esas aguas no eran enteramente bolivianas. Cuando terminó el desayuno una nube de reporteros y fotógrafos aguardaban la noticia del mar para Bolivia, a cambio de gas o de alguna novedad equivalente. Los protagonistas emergieron con aire misterioso, pero sin ningún resultado tangible. Ricardo Lagos , a sus 82 años, aún sigue vigente en la merienda política chilena.

Colombia:

ALVARO URIBE VÉLEZ (1952.......)

La XVII Cumbre del Grupo de Rio, fue convocada en Cusco (Perú) del 23 al 25 de mayo de 2003, habiéndose destinado como sede el antiguo claustro religioso convertido en el lujoso Hotel Monasterio. La apretada agenda imponía a los participantes impostergables madrugones. El primer día, me pareció ver al presidente de Colombia, Álvaro Uribe Vélez a las siete de la mañana, corriendo por las calles del Cusco, en calzoncillos, perseguido por unos "hombres de negro" que lo seguían a corta distancia. Impresionado por la violencia imperante en su país, pensé ingenuamente que , Álvaro Uribe Vélez escapaba de un intento de secuestro, pues su padre había sido asesinado pocos años atrás. Cuando me disponía a intervenir en su auxilio, caí en la cuenta de que el colombiano, no escapaba si no que estaba haciendo su jogging matinal y que los supuestos facinerosos eran sus guardaespaldas. Así comenzó la Cumbre que, al cabo de una lacrimógena reseña de la lucha anti insurgente en Colombia, Álvaro Uribe Vélez consiguió el voto de apoyo solidario de sus homólogos.

El siguiente mes, del 26 al 28 de junio de 2003, en Rio Negro, Medellín, se reunió la XIV Cumbre de la Comunidad Andina de Naciones. El lugar fue escogido debido a la cercanía de la finca de , Álvaro Uribe Vélez y al ascendiente que el entonces presidente goza en la región. La noche misma de nuestra llegada, fuimos convidados a aquella enorme hostería, donde como aperitivo nos ofrecieron soberbios corceles de pura raza. Álvaro Uribe Vélez fue invitado a montar en uno de ellos y hábil jinete, no solo dominó al animal con destreza, si no que aceptó una taza de café y se la bebió sin derramar gota alguna, al tiempo que hacía danzar al caballo al paso, al son de la cumbia. Domeñar al potro del poder en un país tan convulsionado como Colombia le resultó más difícil y Álvaro Uribe Vélez dejó el gobierno sin alcanzar a derrotar a las FARC (Fuerzas Armadas Revolucionarias).

Álvaro Uribe Vélez es hombre de baja estatura (1.67 cms) apariencia modesta, anteojos perpetuos para la miopía, pelo entrecano, rasgos faciales regulares, oratoria exuberante unida a reconocido coraje personal. Adversario a los acuerdos de paz, logrados por su sucesor

Juan Manuel Santos, tuvo que afrontar pleitos judiciales por sobornos a testigos, que le causaron una sentencia desfavorable. Álvaro Uribe Vélez a sus 67 años, continúa vigente en la política nacional.

JUAN MANUEL SANTOS (1951......)

En los ocho años de su mandato presidencial (2010-2018) Juan Manuel Santos visitó cuatro veces Paris, en 2011, 2014, 2015 y 2017. Todos esos desplazamientos perfectamente preparados por su brillante canciller María Ángela Holguín a quien conocí primero como destacada auditora en los cursos de post-grado del Centre d'etudes dipomatiques et strategiques (CEDS) del cual yo era y sigo siendo profesor y luego como muy apreciada amiga personal. Cuando después del 2006, dejé (temporalmente) la actividad diplomática, fui contratado por la firma MATIERE, constructora de puentes pre-fabricados, como consultor para América Latina. En esa tarea, asistí el 27 de enero del 2015, al dialogo del presidente Juan Manuel Santos con los empresarios franceses reunidos en el MEDEF (patronato empresarial). En aquella coyuntura la canciller me presentó a Juan Manuel Santos, a quien le expuse los proyectos de MATIERE. De mediana estatura, equilibrado esqueleto, con atuendo apropiado y desafiante corbata roja, sin ser feo, no podría decirse que Juan Manuel Santos sería emulo de Alain Delon. Parpados inflados y ojillos inquietos, boca de mediano diámetro, todo estudio somatológico es superado por la chispa de su inteligencia y desbordante simpatía. Confirmando el prestigio retórico de sus homólogos bogotanos, toda vez que lo escuché discursear lo califiqué con elevada nota. Igual impresión me causó su alocución en la UNESCO, el 23 de junio del 2017, en ocasión de su visita para resaltar el "año de Colombia" en Francia. Dos días antes en la Filarmónica de Paris, el recientemente elegido presidente Emmanuel Macron, lo homenajeó y en charla tripartita nos saludamos cordialmente. Pero ese mismo año, ya en Bogotá, Juan Manuel Santos nos recibió en la Palacio Nariño a un grupo de emprendedores franceses ávidos de hacer negocios con sus pares colombianos

En aquella oportunidad, me dejó sorprendido la memoria elefantiásica del presidente, quién al saludarme me preguntó "Y cómo van tus puentes? "

Sin duda alguna, la culminación de los acuerdos de paz con las FARC que por más de medio siglo asolaron en cruenta lucha buena parte del territorio colombiano, fue acertadamente recompensada otorgando a Juan Manuel Santos en 2006 el Premio Nobel de la paz. Esas laboriosas negociaciones en las que la mecánica diplomática de María Ángela Holguín fue decisiva, lamentablemente fueron mezquinamente politizadas en la batalla interna por el poder y desportilladas en sus nobles propósitos.

Juan Manuel Santos a sus 70 años, sigue activo en el quehacer ciudadano, recibiendo criticas y elogios sobre la difícil gestión que le

tocó cumplir en la presidencia.

Costa Rica:

La Escuela Interamericana de Educación Democrática (EIDED) , centro de adiestramiento político fundado por el mandatario José "Pepe" Figueres en Costa Rica, estaba destinado a la formación de cuadros de partidos democráticos y produjo entre profesores y auditores cobijados en su seno varios presidentes de países latinoamericanos, particularmente en su tierra natal entre ellos Daniel Oduber Quirós, Luis Alberto Monge, Rodrigo Carazo Odio y Oscar Arias. En Ecuador, Rodrigo Borja Ceballos. En Venezuela Jaime Lusinchi, Luis Herrera Campins y otros.

JOSÉ FIGUERES FERRER (1906-1991)

En 1966, Costa Rica era un país rural de frecuentes colinas verdes, plantaciones de frutas tropicales, cafetales y aldeas comunicadas por estrechos caminos de una sola vía, comunicadas por sinuosas serpentinas de casas de madera de una sola planta, pintadas con atractivos colores. Llegué un caluroso mes de julio, becado para estudiar en la Escuela Interamericana de Educación Democrática, dirigida por el expresidente José Figueres Ferrer, más conocido como "Pepe Figueres" legendario personaje, que captó el mando supremo en tres oportunidades. La primera (1948-1949) por las armas, al cabo de una corta pero cruenta guerra civil, interinato que abolió el ejército, nacionalizó la banca y los seguros y otorgó el derecho a voto, a las mujeres. Todas esas medidas inscritas en la nueva Constitución que también permitió a José Figueres Ferrer ser electo democráticamente (1953-1958) y reelecto por tercera vez (1970-1974), siempre a la cabeza de su Partido Liberación Nacional.

El propósito principal de la Escuela Interamericana de Educación Democrática era la preparación teórica y práctica de jóvenes dirigentes de los partidos políticos democráticos de América Latina, para que asumieran, en su momento, la defensa de los valores de ése sistema, frente a los riesgos de la propagación totalitaria en el Continente.

Todo ello, en el contexto de la guerra fría, estando -además- aún fresca la victoria castrista en Cuba y la irrupción de golpes militares, atrapando ambos extremos, en tenaza, a la izquierda democrática.

Una vez graduado, don "Pepe" me invitó a integrar el elenco profesoral de la Escuela Interamericana de Educación Democrática , donde trabajé a su lado, durante tres años. José Figueres Ferrer, recordando su grata visita a La Paz, el 8 de septiembre de 1953, admiraba la Revolución Nacional y decía de sus líderes que "Víctor Paz Estenssoro era el cerebro, Hernán Siles Zuazo , el corazón y Walter Guevara Arze el brazo ejecutor"

José Figueres Ferrer hijo de inmigrantes catalanes, de modesta estatura, seco de carnes, creía en su intuición para calificar al interlocutor que encontraba por vez primera, de ahí su penetrante visión escrutadora. Era esencialmente un hombre de acción, presto a tomar las armas, si fuese necesario. Su coraje no tenía límite alguno y su propiedad cafetalera se llamaba "La lucha", sin que sea secreto, que albergaba también depósitos bélicos. Sin embargo, José Figueres Ferrer era poseedor de un lúcido intelecto, formado en el MIT (Massachusetts Institute of Technology), firme gladiador del combate contra todo tipo de dictaduras. Líder junto a otros homólogos, de la "Legión del Caribe" era temido némesis de los tiranos militares de la época. Alguna vez me tocó testimoniar la dotación de material bélico con destino a un país amigo.

José Figueres Ferrer casado con la norteamericana Karen Olsen, tuvo en su hijo José María Figueres, una prolongación de su figura en la historia costarricense cuando éste fue también elegido presidente (1994-1998)

José Figueres Ferrer murió a los 83 años, en San José, el 8 de junio de 1990.

DANIEL ODUBER QUIROS (1921-1991)

Quizá el más culto y refinado de los mandatarios costarricenses del último tiempo, miembro de la tribu familiar de los Quirós (*"Después de Dios, la casa de Quirós"*) Porfirio Ricardo José Luis Daniel Oduber Quirós era relativamente alto, morocho de piel salpicada en las manos por manchas de tiña. Abogado, educado en la universidad tica y en la canadiense McGill donde seguramente captó a su esposa Marjorie.

Canciller y diplomático, entre sus curiosidades se destaca su afición a la ciencia ficción, de la cual era un serio adepto.

Luis Daniel Oduber murió a sus 70 años, en 1991.

LUIS ALBERTO MONGE (1925-2016)

Con Luis Alberto Monge me unió una fraterna amistad, casi familiar, por haber compartido durante más de tres años (1965-1969) los predios de " La Catalina", en Barba de Heredia, a una veintena de kilómetros de San José, vecinos en nuestras respectivas cabañas de madera, que eran parte del campus de la EIDED (Escuela Interamericana de Educación Democrática). Ambos éramos profesores a tiempo completo y en ese exilio voluntario, lejos del mundanal ruido, nos sobraba el tiempo para divagar sobre la humano y lo divino. Caudillo popular del liberacionismo en Costa Rica, Luis Alberto Monge era provinciano de Alajuela, de familia pobre, trabajó desde niño vendiendo empanadas en el mercado central. Se hizo dirigente sindical y cultivó el periodismo político, alternando con encendidos discursos cargados de metáforas y de argot popular. Era gordo rechoncho, baja estatura, risa fácil y carcajada sonora. Gustaba vestir trajes completos, camisas blancas almidonadas que terminaban en puños doblados sujetados con mancornas doradas. Ese atuendo era parte de distinción burocrática.   Habiendo estado casado con Doris, dama hebrea, recuperó su libertad para ejercer un celibato diverso y entretenido. Repetidas veces fue diputado hasta que el pueblo lo eligió presidente. Estuve invitado a la ceremonia de investidura junto a Hernán Siles Zuazo , el 8 de mayo de 1982, en bulliciosa fiesta celebrada en el hotel "Irazú".

En sus visitas a Paris, Luis Alberto Monge , no dejaba de llamarme hasta que problemas respiratorios, terminaron con su vida a los 91 años, el 29 de noviembre de 2016.

RODRIGO CARAZO ODIO (1926-2009)

Apodado el "macho" como se denomina a los costarricenses de piel blanca y cabellera rubia, Rodrigo Carazo Odio, era alto y fornido, simpático de trato y dinámico en su cotidianidad. Economista de formación y cuadro político del Partido Liberación Nacional (Daniel Oduber Quiros), siendo diputado llegó a presidir la Asamblea Nacional que le sirvió para catapultarse a la presidencia de la República (1978-1982). Colega docente y perseverante en la amistad, Rodrigo Carazo Odio cuando presidía la Asamblea Nacional, me ayudó en 1977 a obtener documentos de identidad que lo liberase de la clandestinidad, para mi camarada Edén Pastora, el célebre "Comandante Cero" de la resistencia anti-somocista, cuya cabeza tenía alto precio, por haber asaltado y sometido por días el palacio nacional de Managua, el 27 de agosto de 1978, tomando mil rehenes, obteniendo medio millón de dólares de rescate y la liberación de presos políticos, entre ellos de Daniel Ortega.

Rodrigo Carazo Odio, durante su mandato tuvo relaciones vidriosas con Nicaragua, por la colaboración prestada a los sandinistas en la victoria de su Revolución en julio de 1979.

Rodrigo Carazo Odio, fue fundador de la Universidad para la paz, con sede en San José.

Rodrigo Carazo Odio, a sus 83 años, muere en San José, el 9 de diciembre de 2009.

Cuba:

Fidel Castro

FIDEL CASTRO (1926-2016)

De cuatro encuentros con Fidel Castro, el que mayor impacto tuvo en mí, fue cuando lo saludé por vez primera, en la casa de Obrajes (La Paz) de Gonzalo Sánchez de Lozada, presidente electo, cuya asunción al cargo sería al día siguiente o sea el 6 de agosto de 1993. Vestía uniforme militar verde olivo y traía en las manos -como regalo- para su anfitrión un cofre de 25 habanos *Trinidad*, los óptimos cigarros.

Fidel, era alto y fornido (1.91 mts), hablaba copiosamente con todo aquel que se ponía delante. Fue visita oficial de seis días, en la que cada noche se agolpaba la multitud en las afueras del Hotel Plaza, donde estaba hospedado, para verlo y vitorearlo.

La segunda vez, sucedió en Asunción, en ocasión de la investidura del paraguayo Nicanor Duarte Frutos, el 15 de agosto de 2003. Fidel gustaba evadirse del tedio cubano, aceptando complacido las invitaciones al extranjero, prolongando sus estadías, a veces exageradamente: en Santiago, pasó cerca a 40 días, como huésped de Salvador Allende.

La tercera vez, en la *Maison de l'Amerique Latine* en Paris, Maison de Amerique Latine de Paris, en marzo de 1995, invitado por Danielle Mitterrand, esposa del presidente. Entonces, me correspondió recibirlo como embajador-anfitrión, primera ocasión en que al mítico comandante se le pidió acudir vistiendo traje civil y corbata, exigencia de colegas melindrosos y asépticos a los uniformes militares.

La cuarta vez, sucedió en Paris durante los funerales de François Mitterrand efectuados el 10 de enero de 1996, en solemne misa oficiada en la catedral de *Notre Dame*, pasada la cual, el presidente Jacques Chirac ofreció un almuerzo en el Palacio del Eliseo, en honor de los jefes de delegación asistentes, con el riguroso formato de una sola persona por país (exceptuando a los reyes de España). No se admitían ni fotógrafos, ni intérpretes.

En uno de los salones contiguos al comedor se sirvió el aperitivo y embajadores y ministros latinoamericanos, casi en su totalidad, rodeamos al presidente cubano, quien se sintió muy halagado por estar como en familia. Luego de los saludos y presentaciones de rigor, y en un ambiente jovial, donde todos hablaban, reían y bebían, dejando de lado los sentimientos de duelo, motivo de su presencia en Paris, Fidel Castro palpó la solapa del casimir gris marengo del embajador de Honduras (Max Velásquez) y le dijo: "Oye chico, cuando me gradué de bachiller, yo tenía un traje exactamente igual..." Enseguida intervine y le dije : "Comandante quizá es el mismo, porque el embajador acostumbra comprar ropa de segunda mano..." Carcajada general que distendió el ambiente.

Terminado el almuerzo, el presidente Chirac se situó en el portón de salida y comenzó la procesión ritual de despedida. Como en ese tiempo, yo estaba inmerso en mi tesis doctoral sobre *Los Cubanos en Angola* monopolicé la compañía de Fidel Castro y fuimos los últimos en la fila de espera. Todo nuestro dialogo se refirió a esa guerra que, en Angola duró quince años (1979-1990) y, en la que Cuba fue principal protagonista.

En esa secuencia, Fidel me confió algunas incidencias anecdóticas que las relato en mi citada obra. Sin embargo, lo que más me llamó la atención fue su manifiesto repudio al comportamiento de los rusos en la cuestión angoleña. Era una decepción sincera y nostálgica. Más adelante tocamos la ponderable victoria cubana en la batalla de *Cuito Cuanavale* . Fue cuando, poniendo una mano sobre mi hombro, me dijo: "Sabes, chico, que esa batalla la dirigí yo desde La Habana?"

Evidentemente y lo reiteró, se sentía muy orgulloso de haber derrotado, como en efecto lo hizo, al *Reich* sudafricano, "una potencia nuclear"

Los cuatro encuentros que tuve con Fidel, en distintos escenarios y diversas circunstancias, no cambian mi percepción del hombre que, consciente de ser en vida, un agente insoslayable de la Historia es a justo título, vanidoso por sus triunfos y escurridizo en sus fracasos. De amplia erudición en muchos aspectos del saber humano, su curiosidad intelectual es inagotable. Conversador ameno, privilegia el monologo, como herramienta de seducción y gusta impresionar a su interlocutor apelando a elementos bizarros ya sea en gastronomía como en astronomía.

Para un combatiente de intensa vida, haber llegado a la edad nonagenaria, es una hazaña adicional, luego de conducir por casi medio siglo el gobierno revolucionario (1959-2008). Fidel Castro murió el 25 de noviembre de 2016

Ecuador:

RODRIGO BORJA (1935…..)

Nos conocimos con Rodrigo Borja cuando ambos treintañeros enseñábamos en la Escuela Interamericana de Educación Democrática en La Catalina (Costa Rica) aupados por el presidente José "Pepe" Figueres. Rodrigo Borja desde muy joven se caracterizaba por su seriedad prematura, temperamento conservador y su comportamiento urbano digno heredero del Papa Alejandro VI y de la célebre familia florentina de los Borgia. Llegó a la Escuela Interamericana de Educación Democrática , cargando bajo el hombro el grueso volumen de su *opus magna* Derecho Político, texto didáctico de gran utilidad para los alumnos. Mientras yo era profesor, a tiempo completo, en la EIDED, Rodrigo Borja venía solo por las temporadas que duraban sus cursos. Rodrigo Borja mediano en estatura fue desde siempre gigante en la perseverancia de su ambición política que lo llevó por cinco veces a la candidatura presidencial hasta conseguir la ansiada victoria y gobernar Ecuador de 1988-1992. Rodrigo Borja, doctor en jurisprudencia, prolífico autor y reconocido profesor universitario, pese a la agitada vida política en su país, ha conservado inmaculada su reputación intelectual e integridad moral, en medio de corruptelas grandes y pequeñas a lo largo de la región latinoamericana.

La última ocasión que tuve de alternar con Rodrigo Borja, fue hace una veintena de años, cuando cenamos en el Hotel Intercontinental de Quito, recordando en sobremesa, episodios del acontecer mundial y hemisférica.

Rodrigo Borja, a sus 86 años, está retirado a sus actividades particulares, siempre guiando los pasos de su Partido de Izquierda Democrática.

Estados Unidos:

JOHN F. KENNEDY (1917-1963)

Las relaciones diplomáticas de los Estados Unidos con los países latinoamericanos durante la Guerra Fría estuvieron sujetas a una tensión permanente, particularmente luego del triunfo de la Revolución Cubana (1959) y el alineamiento franco y decidido de Fidel Castro con Moscú. La implantación de bases militares soviéticas con vocación nuclear en la isla, precipitaron la crisis del 22 de octubre de 1962 y el bloqueo de Cuba, cuando el mundo temía un inevitable holocausto nuclear.

Dentro ese panorama, el boliviano Víctor Paz Estenssoro, en su segunda presidencia estrecho los vínculos con Washington traducidos en solidos acuerdos de cooperación que culminaron en la invitación de John F. Kennedy a Víctor Paz Estenssoro para una visita de Estado, programada para octubre de1963.

Víctor Paz Estenssoro preparó meticulosamente esa visita y me encargó viajar en avanzada a Washington para asegurar los aspectos logísticos y protocolares del caso. El primer día de octubre llegue a Williamsburg para esperar a Víctor Paz Estenssoro y su comitiva. Al día siguiente nos embarcamos en cuatro helicópteros americanos que nos transportaron en intervalos de diez minutos al *Rose Garden* de la Casa Blanca. Al nomás pisar césped, ví por primera vez a pocos metros, junto a una tarima con micrófonos, la inolvidable silueta de John F. Kennedy, vestido de traje gris rayado, camisa blanca y un club-tie de líneas azules. Recuerdo que sus cabellos color ladrillo obscuro volaban por el viento y su tez bronceada denunciaba recientes caricias solares. Alto, con los hombros un tanto volteados hacia adelante, avanzó hasta nosotros pausadamente. Angier Biddle Duck, director de protocolo, con quien había trabajado días antes en la preparación de la visita me presentó al legendario presidente, quien mirándome fijamente a los ojos me dijo *Welcome ! ...and your president how is he doing ? By the way, does he really understand English well ?*

Cuando todos los circundantes habíamos ocupado nuestros respectivos espacios cuidadosamente marcados tocó tierra el helicóptero de Víctor Paz Estenssoro.

John F. Kennedy fue a su encuentro con los brazos cordialmente abiertos y ambos subieron a la tarima, donde intercambiaron saludos y posaron para fotógrafos y camarógrafos allí presentes.

Al día siguiente, John F. Kennedy ofreció un almuerzo en la Casa Blanca, con solamente 50 cubiertos, lo que permitió una fluída conversación con un centenar de oídos abiertos al dialogo presidencial animado seguido de un brindis de calurosa tonalidad, preludio de la fecunda reunión de trabajo realizada esa misma tarde.

John F. Kennedy

En la tercera jornada de la visita, correspondió a Víctor Paz Estenssoro reciprocar a John F. Kennedy con otro almuerzo ofrecido en su honor, en la residencia de la embajada boliviana, donde acudieron una centena de convivios entre senadores, congresistas, ministros y el vicepresidente Lyndon Johnson. Previamente, en la antesala se procedió al intercambio de regalos y luego que Víctor Paz Estenssoro pusiera en manos de John F. Kennedy el suyo, el 35vo presidente americano no pudo evitar el brillo de sus ojos al abrir el paquete: se trataba de dos auténticos incunables conseguidos en un convento de Sucre: *Oh Mr. President, Sir, these are simply marvellous* agradeció, sorprendido por que habíamos detectado la predilección de John F. Kennedy y de su esposa, por las joyas bibliográficas antiguas.

En el curso del almuerzo, el dialogo John F. Kennedy - Víctor Paz Estenssoro era tan fluido que se abstrajeron por compléto del resto del escenario. A los postres, noté que John F. Kennedy volteaba el menú al dorso y que Víctor Paz Estenssoro escribía algo en él. Mas tarde supimos el intenso interés que John F. Kennedy manifestó por el reclamo marítimo de Bolivia y que pidió a Víctor Paz Estenssoro le explicase con un diagrama el diferendo con Chile. Un mes más tarde, en Dallas, balas asesinas terminaban con la vida de John F. Kennedy. Ese 23 de noviembre de 1963, anoticiado de la tragedia Víctor Paz Estenssoro quedó perplejo. Se esfumaron muchas aspiraciones bolivianas y, al cabo de un año, Víctor Paz Estenssoro , a su turno, fue la víctima de un golpe de Estado que lo expelió al exilio.

BILL CLINTON (1946 ......)

Mi encuentro fortuito con el 42avo presidente americano (1993-2001) ocurrió cuando mi amigo Mitchell Kaplan, propietario de la atractiva librería *Books and Books* en Coral Gables, Florida, donde tambіén, se venden mis libros, me invitó el 4 de septiembre de 2007, a la presentación por Bill Clinton de su obra *Giving*. Junto a mi hijo Charles concurrimos presurosos a la cita, en medio de una multitud de curiosos que aspiraban al autógrafo de esa celebridad. Bill Clinton con sus 1.88 cms parecía aún más alto, deportivamente erguido, su rostro de piel colorada, coronada por buen pelambre que todavía no lo había desertado, en esa época era sesentón y aparte de arrugas en el cuello, se le notaba una energía desbordante. Debidamente presentados, Bill Clinton se interesó que proviniéramos de Bolivia y de Francia y , más aún por la condición de periodista de Charles, con quien tuvo fluida charla. Terminado el encuentro, el secretario me preguntó mis impresiones y al manifestarle mi admiración por la ejecutoria presidencial de Bill Clinton, le dije que lo reverenciaba mucho más por su calidad de filosofo. El amanuense quedó perplejo y retrucó "filosofo?" . Pronto le puntualicé "Ciertamente...su adagio de *oral sex is no sex* es profundamente reflexivo y me ha inspirado mucho". El ayudante que sonrió volvió hacia el presidente y, sin duda, le participó mi comentario, porque Bill Clinton en carcajada me dirigió una amigable reprimenda con el dedo índice. Estaba aún fresco el entuerto que Bill Clinton tuvo con Mónica Lewinsky.

Guyana:

CHEDDY JAGAN (1918-1997)

La reina Elizabeth II solía recibir al Cuerpo diplomático acreditado ente la Corte de Santiago, en coloridos "garden parties" en Buckingham Palace. Y si bien no tenía modo de saludar a todos los convivios, era ocasión para ellos de establecer contactos y crear nuevas amistades. En esa atmosfera, en el verano de 1958, asistí al ágape, como Segundo Secretario de la Embajada de Bolivia. Pronto alguien me presentó a aquel joven de obvio origen indio, elegantemente ataviado de un blanco traje hindú, dicción impecable de la lengua inglesa, grata sonrisa, flaco (como lo era yo también) y curioso de saber de donde procedía yo. Conversamos animadamente, casi por el resto de la fiesta. Era Cheddy Jagan (CJ), *chief minister* a sus 40 años. CJ hizo desde entonces una brillante carrera política en su natal Guyana, llegando a la presidencia de la joven nación en 1992.

Ocurrió que, en diciembre de 1996, la Cancillería me encomendó cooperar en la organización de la Cumbre de las Américas, sobre desarrollo sostenible, que tuvo lugar en Santa Cruz. En el aeropuerto, la noche de la inauguración, nos encontramos nuevamente con CJ, con la emoción que causa una amistad labrada a distancia, ambos en diferentes responsabilidades cívicas. Solo pocos meses después CJ, sucumbía en delicada operación en el hospital Walter Reed de Washington, el 6 de marzo de 1997.

Haití:

RENÉ PREVAL (1943-2017)

Con dolor se constata que, lamentablemente, Haití, sale de una crisis para entrar en otra. Golpeada por desastres telúricos, también tiene que soportar las fluctuaciones de la economía mundial que para un país pobre en recursos naturales tiene efectos letales. En ese contexto, el 30 de abril de 2006, siendo embajador en Canadá, tuve la oportunidad de saludar en Gatineau, al presidente electo René Preval (RP) quien llegó de visita para contactos previos con el gobierno canadiense, pródigo en la cooperación internacional.

René Preval , de mediana estatura, frente amplia, barba blanca, de rasgos y gestos agradables, estaba elegantemente ataviado con traje gris marengo, camisa blanca y corbata azul. En ágil charla, evocamos la presencia de militares bolivianos en la misión de paz destacada a Haití y pronto, le tocó dirigirse públicamente en discurso improvisado, a los invitados a aquella recepción, en su honor. En lengua francesa de dicción cultivada, confesó su temor ante la gigantesca tarea que le esperaba al frente de una nación convulsa y dividida. Para reafirmar que recibía una misión imposible contó una entretenida anécdota: alguna vez un mandatario requirió el consejo de su antecesor en el cargo. Por toda respuesta éste le dejó tres sobres, rogándole que abriera uno a uno, en casos urgentes de crisis. Llegada la primera emergencia, el novel presidente abrió el primer sobre y encontró un mensaje que decía: "échale la culpa a tu predecesor". Así procedió. En la segunda crisis, al abrir el segundo sobre, leyó idéntico mensaje y también, esa vez siguió el mismo consejo. Empero, en la tercera emergencia, el consejo cambió, pues decía: "Prepara tres sobres iguales para tu sucesor". René Preval , el suave agrónomo y hábil político, no sé cuántos sobres debió preparar, porque ocupó la primera magistratura en dos oportunidades de 1996 a 2001 y de 2006 a 2011, al timón de su partido el "Frente de la Esperanza"

René Preval , murió, a los 74 años, el 3 de marzo de 2017.

Honduras:

RAMÓN VILLEDA MORALES (1908-1971)

Con mi amigo Antonio Ortéz Turcios, diputado liberal, en el verano de 1968, fuimos a visitar en su casa de Tegucigalpa al jefe de su partido y expresidente (1957-1963) Ramón Villeda Morales, médico de profesión y político por vocación. Trepamos una colina y llegamos a su lujosa residencia rodeada de jardines. A sus 59 años, Ramón Villeda Morales , aparentaba mayor edad, por sus cabellos blancos, sus anteojos con gruesos bordes de carey, su bigotillo pulcramente recortado, su caminar dubitante y sus manos con pecas de senectud. Ramón Villeda Morales cargaba la reputación de haber sido muy apreciado por J.F. Kennedy, quien lo recibió en visita oficial en la Casa Blanca. Fino de maneras y galante en la conversación, era evidente que hablar en primera persona lo cautivaba y para remachar el culto a su ego, dejamos la casa principal y nos dirigió a una especie de anexo, consistente en aquel templete dedicado a si mismo. Las paredes estaban cubiertas de diplomas con los que había sido homenajeado a lo largo de su existencia. Tampoco faltaban medallas y condecoraciones, dispuestas en un orden sacerdotal, pero sobraban las fotografías enmarcadas donde se lo ve rodeado de notables. Huelga decir que cualquier otro tema de conversación resultaba superfluo. Ni siquiera evocamos el golpe militar que lo depuso de la primera magistratura, dando fin a su administración que entre otras medidas de orden social adelantó una tímida reforma agraria. Al despedirme le deje ver que me gustaría escribir su biografía…no hubo tiempo para el proyecto porque Ramón Villeda Morales , apodado "Pajarito" por la suavidad de su desenvolvimiento vivencial, murió de un infarto a los 62 años, en un hotel de Nueva York, el 8 de octubre de 1971, mientras se desempeñaba como embajador ante Naciones Unidas.

CARLOS ROBERTO REYNA (1926-2003)

Una estrecha amistad, política y de franca camaradería me unía con Carlos Roberto Reyna, alto dirigente del Partido Liberal de Honduras participante activo en conclaves regionales de la izquierda democrática. Se podría afirmar que estuvo programado para la presidencia de la República, desde su temprana juventud. Contribuimos en esa aspiración preparando sus cuadros partidarios en nuestra Escuela Interamericana de Educación Democrática con sede en Costa Rica, donde yo ejercía el cargo de Profesor- Coordinador (1966-69). Mas tarde en mis frecuentes visitas a Tegucigalpa, nunca faltaron nuestras comilonas rociadas de cautivantes conversaciones sobre temas de actualidad, con aquel brillante abogado, parlamentario y orador de fuste. No fue sorpresa que, triunfando en elecciones democráticas, asumiera la primera magistratura de 1994 a 1998. Durante ese periodo visitó oficialmente Francia y la UNESCO, instancias en las cuales, acreditado como embajador de Bolivia, tuve el gusto de acogerlo. En esa ocasión, Carlos Roberto Reyna me otorgó la Gran Cruz de José Cecilio del Valle, preciada condecoración hondureña. Su proverbial cortesía fue una vez mas evidente cuando en visita a su país, ofreció un banquete en mi honor, en la Casa Presidencial.

En oportunidad de la Cumbre de las Américas sobre desarrollo sostenible, realizada la primera semana de diciembre de 1996, en Santa Cruz (Bolivia) Carlos Roberto Reyna me cooperó en convocar y asegurar la asistencia de sus homólogos centroamericanos a esa reunión, embarcándolos en el avión especial a mi cargo.

Carlos Roberto Reyna , era alto, medianamente grueso, de agradables facciones, bigote corto y lentes para mitigar su miopía. Sonrisa fácil y rápido *esprit* en las charlas de sobremesa.

Por todas las circunstancias anotadas, sentí mucho la noticia de su suicidio el 19 de agosto de 2003, a los 77 años.

Carlos Roberto Reyna

México:

ADOLFO LÓPEZ MATEOS (1909-1969)

La Revolución Nacional iniciada con la insurrección del 9 de abril de 1952, fue frecuentemente comparada con la Revolución Mexicana de 1910 y en este contexto el presidente Adolfo López Mateos invitó a su homologo Víctor Paz Estenssoro a visitar oficialmente México. Cuando esa calurosa tarde del verano de 1962, se abrió la puerta del avión y Víctor Paz Estenssoro se aprestaba a bajar la escalerilla, una estruendosa tormenta de trompetas sopladas por docenas de mariachis le dio la bienvenida. Al pie, sobre la roja alfombrase encontraba a sus 53 años, el presidente Adolfo López Mateos , ex secretario de Trabajo, de notoria influencia en la clase obrera. Entonces, bajo un sol radiante, ambos mandatarios montaron en un automóvil descapotable y puestos de pie, saludaban a la multitud de obreros, estudiantes y curiosos concentrados a lo largo de la avenida por la que nuestra caravana transitaba hacia la residencia presidencial de Los Pinos, donde nos debíamos hospedar. Arcos y banderolas con leyendas tales como "Viva la Revolución Boliviana "y otras que decían "Bienvenido Presidente Paz Estenssoro" habían sido armadas en las principales esquinas.

Por la noche la agenda registraba una visita privada consagrada a saludar a la primera dama Eva Samano de López Mateos. Víctor Paz Estenssoro me instruyó acompañarlo "porque estará su hija Avecita que es de la misma edad suya" me dijo. Los Pinos es una soberbia casona colonial de exquisita arquitectura y estupendo decorado interior. Cuando Avecita (Ave Leonor, oficialmente) hizo su ingreso al salón, unía a su rostro dulce y gentil, un volumen de cien kilos que mi imaginación no vislumbraba manejar ni en mis audaces alucinaciones. Ese golpe de sorpresa mía fue motivo de ironías por parte de Víctor Paz Estenssoro , cuando relataba familiarmente los destellos del viaje.

Punto culminante de la agenda fue el banquete ofrecido en honor de Víctor Paz Estenssoro , ocasión en la que, al honrarnos con sendas condecoraciones de la Orden del Águila Azteca, Adolfo López Mateos hizo gala de su encendida oratoria mostrando su vocación de líder continental, en franca rivalidad con Fidel Castro, por la hegemonía regional, cuya propia Revolución irrumpió tres años antes en La Habana.

Adolfo López Mateos , de mediana estatura, cabello entrecano ondulado, volumen óseo equilibrado, fácilmente popular entre las masas, lo era menos en reuniones privadas. Su desenvolvimiento en sociedad, siempre esquivo, se explica mejor cuando documentos desclasificados revelaron que Adolfo López Mateos fue reclutado años atrás por la CIA, bajo el criptograma de LITENSOR.

Cumplido su sexenio en el poder (1958-1964) al cabo de poco tiempo, la muerte lo sorprende en 1969, a los 60 años.

Nicaragua:

ANASTASIO SOMOZA DEBAYLE (1925-1980)

Hijo del también presidente Anastasio Somoza García (1937-1947) y (1950-1956) Anastasio Somoza García apodado "Tachito", fue educado para devenir dictador de Nicaragua que era como una grande finca de propiedad familiar, hasta la irrupción de la Revolución Sandinista en 1979. Es un país que visité frecuentemente en diversas capacidades, siendo la más prolongada cuando la UNESCO me envió como Asesor Técnico Principal del gobierno sandinista (1980-1983).

Anastasio Somoza García gobernó de 1967 a 1972 y luego de un interregno, volvió al poder de 1974 a 1979. Fue al final de su mandato que la convulsión social de apoyo a la guerrilla sandinista comenzó a degradarse, más aún por la indignación de un hecho de sangre. Amigo personal del acérrimo enemigo de Anastasio Somoza García , el periodista Pedro Joaquín Chamorro, fui depositario de su temeraria premonición "yo sé que me hará matar" me confió poco antes de su asesinato el 10 de enero de 1978. La única vez que tuve la oportunidad de cruzarme con Anastasio Somoza García fue durante la inauguración del interregno pactado con aquel triunvirato juramentado el 1 de mayo de 1972, cuando asistí como invitado especial de Fernando Agüero Rocha, dirigente conservador y uno de los triunviros. En el palco presidencial, con belleza y arrogancia monárquica se dibujaba la silueta de doña Hope Portocarrero de Somoza, hasta entonces primera dama, con quien nos conocimos anteriormente por sus mecenatos culturales. Creí oportuno subir a saludarla y como el acto estaba llegando a su fin, me invitó a permanecer junto a ella. Casi al instante apareció en el palco, enfundado en impecable esmoquin blanco la voluminosa estampa del dictador, visiblemente agitado. En el momento en que doña Hope le decía: "Mirá , que quiero presentarte al embajador…" Anastasio Somoza García la interrumpió, llevándose las dos manos a la ingle, exclamando "Después, después…que me ando meando" Mientras desaparecía a trote ligero, doña Hope excusó su incontinencia con una resignada sonrisa: "El, siempre tan fino.."

Los comandantes sandinistas bajaron de las montañas el 17 de julio de 1979 y precipitaron a huida del dictador hasta Miami primero y Asunción del Paraguay, después. No encontró la tranquilidad que buscaba, porque un comando "montonero" desplegado de la Argentina, el 17 de septiembre de 1980, hizo volar en mil pedazos el automóvil blindado en que Anastasio Somoza García surcaba las calles azuncenas. Anastasio Somoza García murió a los 54 años, ejecutado, como su padre.

La historia siguió su curso ineluctable y de 1990 a 1996 Violeta Chamorro , viuda de Pedro Joaquín, asumió la presidencia, derrotando a los sandinistas en elecciones democráticas.

FERNANDO AGÜERO (1920-2011)

Líder conservador en su bastión de la ciudad de Granada, Fernando Agüero Rocha, oftalmólogo eminente, pero de visión política de corto alcance, jugo todo su prestigio de opositor radical, al entablar un modus vivendi con el dictador Anastasio Somoza Debayle en lo que popularmente se conoció como el kupia kumi que le permitió gobernar Nicaragua, en triunvirato del 1 de mayo de 1972 al 1 de diciembre de 1974.

Amigo mío tuvo la gentileza de invitarme a su inauguración realizada en el coqueto Teatro Nacional de Managua, el 1 de mayo de 1972. Semanas antes lo había acompañado en su campaña electoral donde las sonoras bandas seguían la pegajosa letra: Pinolero, pinolero....tenés que votar por Agüero...porque para Agüero...el pueblo es primero...

Fue una corta primavera que le permitió a Anastasio Somoza García un receso democrático, para reinstaurar su dictadura. Fernando Agüero Rocha murió a sus 91 años, en 2011.

VIOLETA BARRIOS DE CHAMORRO (1929...)

En el seminario sobre cooperativismo que, en 1968, organicé en la Escuela Interamericana de Educación Democrática en La Catalina (Costa Rica) invité como conferencista a Pedro Joaquín Chamorro propietario del diario La Prensa de Nicaragua.

Allí nació nuestra estrecha amistad que se prolongó hasta su asesinato el 10 de enero de 1978. En nuestras largas pláticas alguna vez, me confesó que el dictador Anastasio Somoza Debayle, su implacable enemigo, le había advertido que "me va a hacer matar". Poco más de un año de ese crimen abyecto triunfaba la Revolución Sandinista y el 17 de julio de 1979, Anastasio Somoza García huía del país hacia Miami. Mi vinculo amical con Pedro Joaquín Chamorro se extendió hasta su viuda Violeta Barrios de Chamorro quien convertida en icono de la oposición democrática derrotó electoralmente al sandinista Daniel Ortega y presidió Nicaragua de 1990 a 1997. Cuando Violeta Barrios de Chamorro visitó oficialmente Paris, fue agasajada con aquella elegante recepción en el Hotel Crillón. Al saludarla como embajador boliviano, me reconoció y tomándome del brazo, nos sentamos en un *tête-a-tête*. Entonces, me pidió en confianza: "Dime, vos que conoces bien a estos franceses, cómo debo proceder para que me ayuden a curar a mi nieto que padece de leucemia." Luego de orientarla en su inquietud, nos interrumpió el canciller Roland Dumas que con su habitual elegancia le besó la mano y ella, con antigua familiaridad, le palpó la mejilla y le dijo maternalmente "Hola Dumitas, ¿cómo te va?"

La última vez que vi a Violeta Barrios de Chamorro, resultado de un accidente, portaba muletas y andaba con dificultad. Abordamos un avión especial boliviano, que, junto a los presidentes centroamericanos, nos condujo de San Salvador a Santa Cruz de la Sierra, para participar en la Cumbre de las Américas, durante la primera semana de diciembre de 1996.

Violeta Barrios de Chamorro, entonces de 65 años, siempre esbelta, conservaba algunos destellos de su bella juventud, con el cabello blanco, pero los ojos luminosos que confirmaban la madera de su fuerte carácter y férrea voluntad. En 2021, cuando la autocracia del tándem Ortega- Murillo, sojuzga al pueblo nica, sus hijos Cristina, Carlos Fernando, Pedro Joaquín y Claudia, han tomado el relevo en la lucha por la democracia. Violeta Barrios de Chamorro, a sus 91 años confía en la victoria de la justicia sobre la dictadura.

Panamá:

ARISTIDES ROYO (1940- ....)

Entre muchos homólogos suyos del istmo centroamericano que frecuenté y observé, Arístides Royo es sin duda, el más elegante, fino en modales, cauto en el discurso, de apropiado vestir y dueño de seguir una férrea dieta alimenticia: vegetariano casi religiosamente. Coincidimos en Paris, ambos en misión diplomática y, luego almorcé con él en su elegante apartamento situado en lo alto de una torre habitacional con vista sensacional del horizonte panameño. Entonces, estaba en vida su esposa Adela, española de pura cepa, con quien se conocieron en Salamanca cuando ambos estudiaban en la famosa universidad. Arístides Royo , a la cabeza del Partido Revolucionario Democrático, ejerció la presidencia de la República de 1978 a 1982, cuando la fuerza militar lo empujó a la dimisión por considerar ciertas posicione suyas consideradas muy progresistas en solidaridad con el Tercer Mundo, en plena guerra fría.

La contribución de Arístides Royo fue altamente instrumental en el proceso de negociación del Tratado Torrijos-Carter que devolvió la soberanía sobre el canal a Panamá. Aparte del apoyo a esa gestión, un dato que me aproximó a Arístides Royo, es que ambos fuimos ministros de Educación en nuestros respectivos países.

Perú:

ALAN GARCÍA (1949-2019)

El APRA (Alianza Popular Revolucionaria Americana) fue fundada en México (1923) y en Perú (1930) por Víctor Raúl Haya de la Torre, como un instrumento político de integración regional indo-americana, de vocación antiimperialista. Víctor Raúl Haya de la Torre tras una activa vida política de más de medio siglo, murió a los 84 años, en 1979, sin haber podido acceder al poder, privilegio que fue reservado para su joven pupilo predilecto Alan García quien, a la edad de 36, coronaría esa aspiración al ser electo presidente por el periodo (1985-1990) y luego, una segunda vez (2006-2011). Acompañando al director general de la UNESCO, Amadou Mahtar M'Bow en su visita oficial a Lima, llegamos esa mañana otoñal de 1988, al Palacio Pizarro. Salones elegantes, pero con señales de envejecimiento en muebles y cortinados, nos llevaron hasta una simpática sala, donde esperaba de pie, elevado 1.95 cms del suelo, Alan García , el aún joven presidente de los peruanos.

Traje azul eléctrico, camisa blanca y corbata gris, Alan García se exhibía peinado a la gomina para domar sus abundantes cabellos negros y lacios. Ojos asiáticos y un rollizo pescuezo entornillado directamente al esternón, denotaban, pese a su inusual estatura, el alto ingrediente indígena de su apariencia ostensiblemente mestiza.

Con francés fluido, pero no pulido, Alan García condujo, cortésmente la charla, no sin antes advertirnos que minutos más tarde debería presidir el consejo de ministros para tratar álgidos problemas inherentes a la seguridad del Estado. Inútil explicación, cuando la noche anterior, en el hotel, nos despertó una estruendosa explosión. Era una de las muchas bombas instaladas habitualmente por comandos terroristas de *Sendero Luminoso,* el brazo armado del Partido Comunista, de orientación maoísta.

Alan García , preocupado por asuntos más urgentes, dejó que sus colaboradores allí presentes, ensayasen impresionarlo con sus conocimientos del mundo de la educación. Al salir, una *photo opportunity* con Alan García en el portal del Palacio, quedó como testimonio de ese encuentro perfectamente intrascendente.

Años más tarde, cuando Alan García era buscado acusado por daños económicos al Estado, lo encontré en 1991, en el *Aqua Boulevard* de Paris, donde compartimos una sauna, conversando de lo humano y lo divino. Me informó que se dedicaba a dar conferencias en Colombia y en Toulouse.

Cuando la rueda de la Historia, lo hizo nuevamente presidente de 2006 hasta 2011, lamentablemente se vio envuelto en aquel escándalo de coimas prodigadas por la empresa brasilera *Oderbrecht* para la concesión de obras públicas. Mientras los gendarmes irrumpían en su casa, la mañana del 17 de abril de 2019, para apresarlo, prefirió pegarse un tiro, antes de sufrir semejante humillación. Así se llevó a la tumba, la duda acerca de su honestidad.

ALBERTO FUJIMORI (1938…….)

Ingeniero agrónomo y rector de una universidad local en Lima, casi anónimo, en las elecciones de 1990, derrotó nada menos que al Premio Nobel de Literatura y celebridad universal Mario Vargas Llosa (MVLL), orgullo de la peruanidad. Seguí de cerca esos comicios, entre otras razones porque MVLL, en Cochabamba, fue condiscípulo mío en el colegio La Salle, donde también hicimos la "primera comunión" juntos.

En cambio, a Alberto Fujimori lo conocí en otras circunstancias, en La Paz. La víspera de la transmisión del mando, el 5 de agosto de 1993, el presidente electo Gonzalo Sánchez de Lozada recibió en su residencia privada de Obrajes, a varios jefes de Estado, invitados a la ceremonia de inauguración. Gonzalo Sánchez de Lozada me había encomendado seguir la secuencia de las respectivas conversaciones realizadas a puerta cerrada y en *tête-a-tête* .

Alberto Fujimori , presidente del Perú (1990-2000), de mediana estatura, delgado, musculoso, con inconfundibles rasgos nipones, seriedad glacial y movimientos simiescos de *samurái* , no correspondió a los abrazos afectuosos con que Gonzalo Sánchez de Lozada le dio la bienvenida. Después de gramáticos saludos protocolares, ante la inquietud que Gonzalo Sánchez de Lozada le manifestó por los movimientos guerrilleros vigentes en el Perú, Alberto Fujimori le replicó secamente "El MRTK ya está acabado" y haciendo un gesto de golpe de *karate*, continuó "Y, le aseguro, señor presidente, que antes de abril, liquidaremos a Sendero Luminoso".

Sorprendentemente, el líder histórico de esa corriente guerrillera, profesor Abimael Guzmán, esposado y vestido con el clásico pijama rayado de presidiario, fue mostrado al público en una jaula apropiada, en el plazo anunciado por Alberto Fujimori .

Alberto Fujimori , hijo de inmigrantes japoneses, nacido en Lima, el 28 de julio (día del aniversario patrio) de 1938, a dos años de su mandato constitucional, el 5 de abril de 1992, protagonizó un auto golpe de Estado, clausurando el Congreso, para instaurar un régimen dictatorial invocando la lucha contra el terrorismo y el narco-tráfico, autocracia que se prolongó hasta 28 de mayo de 2000. Luego de años de exilio y aquel retorno rocambolesco al Perú desde el Japón, vía Chile, Alberto Fujimori es arrestado, procesado y sentenciado a 25 años de cárcel por crímenes contra la Humanidad y corrupción. Sin embargo, Alberto Fujimori continúa vigente en la política local, a través de su hija Keiko que en las últimas elecciones realizadas el 6 de junio de 2021, perdió, en balotaje, por escasos votos, la silla presidencial, frente a Pedro Castillo, cripto comunista, apoyado entre otras fuerzas de izquierda, por Sendero Luminoso. Mientras tanto, Alberto Fujimori , a sus 82 años, continúa esperando un indulto que parece tardar *sine die*.

ALEJANDRO TOLEDO (1946 ....)

Menudo de estatura, copiosa melena capilar negra, boca ancha que cuando abierta mostraba esa ortodoncia artesanal que reemplazaba al estuche dentario de origen, de nervioso andar, descuidado en su vestimenta, ofrecía sonrisas y palmadas amicales a los circundantes en aquella solemne sala episcopal ornada de columnas y altares barrocos que servía de sede para las reuniones plenarias reservadas a los jefes de Estado participantes de la XVII cumbre del Grupo de Rio reunidos en el Hotel Monasterio del Cusco. Era Alejandro Toledo, elegido presidente del Perú por el periodo 2001- 2006 y por lo tanto anfitrión del importante cónclave convocado del 23 al 25 de mayo de 2003. Ese bello salón fue escenario, a puerta cerrada, de sinceros y descarnados debates acerca de los problemas de gobernabilidad y de vigencia democrática en la región. Lo que no se sabía entonces es que los eficientes servicios peruanos habían instalado un sofisticado sistema de grabación de las intervenciones de todos y cada uno de los presidentes.

Esa gentileza nos permitió semanas más tarde obtener un video que registraba la presentación oral del presidente boliviano Gonzalo Sánchez de Lozada en el cual insistía, casi premonitoriamente que él, "no aceptaría ser echado del poder por una turba callejera" y que el mandato otorgado por el pueblo debería ser respetado ante cualquier circunstancia. La historia quiso que el 17 de octubre de ése mismo año, Gonzalo Sánchez de Lozada sea derrocado y deba marchar al exilio, de la manera antes preconizada.

La noche de la clausura de la cumbre, el 25 de mayo, Néstor Kirchner asumía la presidencia de la Nación Argentina y ante la desventaja de que el pequeño avión presidencial de Gonzalo Sánchez de Lozada no tendría autonomía de vuelo para cubrir el trayecto Cusco-Buenos Aires, Gonzalo Sánchez de Lozada me pidió gestionar ante el presidente Alejandro Toledo , la posibilidad de llevarlo a él y a su esposa, en su avión, más grande y moderno. Trámite ingrato que tuve que cumplir ante Alejandro Toledo quien accedió a regañadientes el pedido, advirtiendo que solamente cabría la pareja y "nadie más".

Alejandro Toledo , de origen campesino humilde, superó su modesta condición de vendedor ambulante, para obtener una beca a la Universidad de Stanford, en California, donde culminó un doctorado en economía, antes de ingresar al tinglado político. Al dejar el gobierno, se vio involucrado en aquel turbio escándalo de sobornos y lavado de activos dentro el bullado caso ODERBRECHT, en el que la justicia lo halló culpable y hoy tramita su extradición desde Estados Unidos donde Alejandro Toledo encontró refugio, aupado por sus conexiones de anteaño con redes israelitas.

República Dominicana:

HIPÓLITO MEJÍA (1941- ……)

La isla Hispaniola, por efectos del colonialismo, fue dividida en dos repúblicas independientes: Haití, francófona y la República Dominicana (RD), hispanófona. El desarrollo de ambas devino en la prosperidad de una República Dominicana y el estancamiento de la otra.

A comienzos de abril de 2001, visité República Dominicana junto a la delegación de profesores y alumnos del Centro de Estudios Diplomáticos y Estratégicos (CEDS) de Paris, en programa que aparte del recorrido por la ruta turística, incluía el convite a ese almuerzo en el inmaculado Palacio Nacional (construcción del arquitecto italiano Guido d'Alessandro) por el entonces presidente Hipólito Mejía. El mandatario caribeño destellaba contento porque recibiría el doctorado *honoris causa* de parte de Pascal Chaigneau, nuestro parisino rector. La vicepresidenta Milagros Ortiz Bosh (hija del mandatario socialista Juan Bosh) y el gabinete en pleno aplaudieron con sonoras palmas el reconocimiento a ese agricultor tabacalero de modestos méritos académicos. En su discurso de aceptación, recordó con gula sus primeros esfuerzos que, con arduo trabajo y fe campesina lo llevaron a ocupar la presidencia de la República (2000-2004). Al recorrer los salones, pasillos y balcones de esa mansión señorial, vinieron a mi memoria los episodios tétricos de la tiranía de Rafael Leónidas Trujillo, "benefactor de la Patria", relatados magistralmente por Mario Vargas Llosa, en *"La fiesta del Chivo"*

Hipólito Mejía , a sus 60 años, era como hoy a sus 80, avaro en estatura y en vuelo intelectual, de pupilas brillantes detrás de gruesos lentes, calvicie avanzada y modales rurales. Sin gran esfuerzo derrochaba una modestia más que convincente. Lo volví a encontrar dos años después, en la XII cumbre Iberoamericana de Jefes de Estado y de Gobierno, realizada en Santa Cruz, del 15 al 17 de noviembre. Entonces, como antes, tuvimos una simpática conversación sobre las banalidades del momento.

Hipólito Mejía , previas reformas constitucionales, postuló sin éxito en las tres sucesivas elecciones presidenciales, presentado por su partido el Partido Revolucionario Democrático, pese a ello, pudo incrementar su colección de títulos (siempre *honoris causa*) y de condecoraciones de países amigos de la región.

Venezuela:

Rómulo Betancourt

ROMULO BETANCOURT (1908-1981)

En su segunda presidencia (1960-1964), el boliviano Víctor Paz Estenssoro rodeado de dictaduras militares hostiles, quiso vincularse a las democracias que integraban la llamada "Legión del Caribe" encabezada por el venezolano Rómulo Betancourt, el costarricense José Figueres el dominicano Juan Bosch, el puertorriqueño Luis Muñoz Marín y otros. Ese y algunos propósitos colaterales, animaron la visita de Estado que realizamos a Caracas, en el verano de 1962. Al descender del avión, Víctor Paz Estenssoro fue recibido por Rómulo Betancourt, de traje tropical, cincuentón de tez blanca, piel colorada, cabello entrecano, boca ancha, lentes para la miopía que ocultaban un pequeño parche, quien extendió sus manos cubiertas por ostensibles vendas y que a manera de disculpa le dijo a Víctor Paz Estenssoro : "Bienvenido Víctor….mira como me ha dejado la bomba ! Cuídate tú también, porque todos estamos en la mira", Rómulo Betancourt se refería al atentado que fue víctima el 24 de junio de 1960, digitado por el tirano dominicano Rafael Leónidas Trujillo. Víctor Paz Estenssoro cumplió tres días de intensa actividad bilateral, adornada con una agenda social cargada de fraternidad política. Rómulo Betancourt también, como Víctor Paz Estenssoro ejercía su segundo mandato (1945-1948) y (1959-1964) De padre español natural de las Islas Canarias, abogado y periodista, Rómulo Betancourt era un animal político a tiempo completo. Dejó como legado la denominada "Doctrina Betancourt" que pregona el no reconocimiento a regímenes surgidos de golpes de Estado

Fundador de Acción Democrática prolongó su influencia en la política venezolana hasta su muerte acaecida en Nueva York a los 73 años, víctima de un paro cardiaco en 1981.

CARLOS ANDRÉS PÉREZ (1922-2010)

Conocí a Carlos Andrés Pérez cuando como ministro del Interior, asistió al banquete ofrecido por el presidente Rómulo Betancourt en honor de Víctor Paz Estenssoro durante la visita oficial a Caracas cumplida en 1962.

Carlos Andrés Pérez luego sería en dos periodos, elegido presidente (1974-1979) y (1989-1993). Demócrata convencido, durante sus mandatos Venezuela se convirtió en seguro asilo para los perseguidos políticos de las dictaduras militares imperantes y, en ese contexto, tuve la ocasión de tratar con repetida frecuencia a Carlos Andrés Pérez , debido a mi doble condición: de representante del UNPFA (Fondo de Población) de Naciones Unidas, acreditado a su gobierno e interlocutor oficial del expresidente boliviano Hernán Siles Zuazo exiliado en Caracas. En ese lapso (1974-1979) los encuentros en el despacho presidencial fueron constantes hasta en retorno de la democracia en Bolivia que, coincidió con el fin del primer periodo de Carlos Andrés Pérez .

Relativamente alto, Carlos Andrés Pérez tenía el rostro marcado por señales de alguna suerte de acné mal tratada. Calvicie avanzada, hablaba el español con fuerte acento andino y todos sus movimientos denotaban notable energía y decisión. Alguna vez, se le apodó "el hombre que camina" en sus campañas políticas. Ferviente partidario de la integración latinoamericana proyectó la política exterior venezolana también hacia la cuenca del Caribe. Preocupado por el enclaustramiento geográfico de Bolivia, llegó inclusive a obsequiar un barco como símbolo en la aspiración del retorno a sus costas usurpadas por Chile en la guerra del Pacifico. Las entrevistas, a veces furtivas, con Hernán Siles Zuazo , las concertaba a través del ministro de la presidencia, mi buen amigo José Luis Salcedo Bastardo o de su secretario Julio Camino. Para las elecciones bolivianas del 1 de julio de 1979, Hernán Siles Zuazo me confió una misión altamente confidencial: ser portador de una substancial ayuda financiera que Carlos Andrés Pérez había decidido acordar a nuestra coalición, la Unión Democrática y Popular (Unión Democrática y Popular).

Con ese motivo, yo mismo candidato a diputado, viajé a Caracas y agradecí personalmente el noble gesto solidario de Carlos Andrés Pérez.

Ese episodio me convenció de la injusta acusación de corrupción que se le reprochó, cercenándole en ocho meses, su segundo mandato, por haber expedido una ayuda económica a la presidenta nicaragüense Violeta Chamorro, destinada a un proyecto de reforma judicial. Supuesto delito por el que sufrió la prisión y el subsecuente destierro.

Carlos Andrés Pérez murió de una crisis cardiaca en Miami, a los 88 años, en 2010.

Carlos Andrés Pérez

LUIS HERRERA CAMPINS (1925-2007)

Suceder en la presidencia de la República, a una figura de peso pesado, como fue Carlos Andrés Pérez no era tarea fácil, pues se trataba además de quebrar la hegemonía adeca (por AD de Acción Democrática). Sin embargo, Luis Herrera Campins, líder del partido rival socialcristiano (COPEI), realizó la hazaña y cumplió una fértil administración presidencial (1979-1984), consagrada principalmente al fomento de la cultura. En ese nivel inauguró el bello y moderno Teatro Teresa Carreño y amplió la producción de la Biblioteca Ayacucho, dedicada a la compilación de las obras mas representativas de autores latinoamericanos. Me correspondió visitar oficialmente Caracas, como Ministro de Educación y Cultura y discurrir largamente con Luis Herrera Campins , el abogado, periodista y político conservador, más carismático y pragmático que su mentor, el también expresidente Rafael Caldera.

Luis Herrera Campins era un hombre rollizo de carnes, de crecida papada, bigote copioso, cejas negras que exudaba bondad y buen humor, con quien a principios de 1980, entablamos sincera amistad.

Luis Herrera Campins , murió en Caracas, al cabo de una larga enfermedad, el 9 de noviembre de2007.

Luis Herrera Campins

JAIME LUSINCHI (1924-2014)

En la Venezuela democrática, ciertamente se había construido un modelo bipartidista al mejor estilo de las grandes potencias occidentales. Era un esquema que bien funcionaba, donde Acción Democrática (AD) tenía la vocación de partido dominante. En aquella línea, Jaime Lusinchi fue holgadamente electo el 4 de diciembre de 1983, cuando en la tardecita, por casualidad yo me encontraba con él, el momento en que le confirmaban la tendencia irreversible de su triunfo. La foto que se difundió en los medios muestra al médico pediatra, contento de haber sido electo para el periodo de 1984-1989. De origen corso, Jaime Lusinchi era grueso de carnes, calvicie incipiente, rostro redondo algo mofletudo, ojos danzarines y vivaces detrás de lentes circulares, de agradable sonrisa que seguramente inspiraba confianza a sus pequeños pacientes y solidaria admiración a sus electores. Mientras representaba a la UNFPA (U.N. Fund for Population Activities) en Caracas (1972-1976) crucé a Jaime Lusinchi en numerosas ocasiones sociales y políticas, manteniendo siempre un fluido dialogo sobre la actualidad internacional y el rol de la cooperación horizontal. Años más tarde, en 1987, acompañando al director general de la UNESCO, Federico Mayor, lo visitamos en su despacho presidencial, ocasión que me mostró su incambiable amistad y disponibilidad. Acusaciones de una supuesta corrupción y/o conflicto de intereses, amargaron el fin de su mandato.

Jaime Lusinchi , a sus 90 años, murió en Caracas, el 21 de mayo de 2014, víctima de una afección pulmonar.

Jaime Lusinchi

HUGO CHÁVEZ FRIAS (1954-2013)

Mi primer contacto visual con Hugo Chávez Frías fue a través del celuloide, cuando en el Festival de Biarritz (1996), mi amigo el cineasta venezolano presentó *"Amaneció de golpe"* un recuento acerca del épico alzamiento (4 de febrero de 1992) del entonces teniente Hugo Chávez Frías contra el presidente en funciones Carlos Andrés Pérez. A sus 33 años, Hugo Chávez Frías quizá deseaba emular el bautizo de fuego de Fidel Castro ocurrido en el asalto al cuartel Moncada, casi cuatro décadas antes.

Tenía, francamente, marcada curiosidad por conocer a Hugo Chávez Frías quien, además profesaba un religioso culto al Libertador Bolívar, fundador de Bolivia (1825) mi país de origen. Por esa razón, al tenderle la mano, en el Hotel Monasterio de Cusco, donde se celebraba la XVII cumbre del Grupo de Rio (23 de mayo 2003), me sorprendió que replicara con un apretado abrazo, pleno de fraternidad bolivariana como manifestara con sincera espontaneidad. Era la personalidad de Hugo Chávez Frías , caluroso en el contacto humano con los de arriba y mayormente con los de abajo. Mediana estatura, abultado de carnes, mulato en sus facciones faciales, mirada escurridiza, labios carnosos y ademanes ligeramente simiescos. Podía mantener, sin apuro, una charla insustancial, condimentada de adjetivos superlativos que dejaba seducido al interlocutor, comprometiendo sea su gratitud o, cuando menos dejando un buen recuerdo.

Fue en esa cumbre, en la que oficiaba de anfitrión el presidente peruano, Alejandro Toledo, cuando en reunión privada, testimonié un agrio debate entre Hugo Chávez Frías y su homólogo chileno Ricardo Lagos, sobre alguna hipotética intervención externa que ante la crítica, Ricardo Lagos replicó que " siguiendo ésa lógica, las expediciones militares de Bolívar, a lo largo del subcontinente sudamericano, podrían también tildarse de acciones intervencionistas"

Atendiendo el interés de Gonzalo Sánchez de Lozada de encontrar a Hugo Chávez Frías bilateralmente, con mi contraparte protocolar Alejandro Abreu, acordamos un almuerzo entre nuestros respectivos presidentes, pero ante gran fastidio de Gonzalo Sánchez de Lozada , Hugo Chávez Frías solo apareció dos horas más tarde de lo concertado y, en breve dialogo, se intercambiaron opiniones sobre el único punto en agenda: Evo Morales. Inútil apuntar que ya se notaba el apoyo encubierto que Evo Morales Ayma gozaba de parte del líder caribeño.

El 26 de junio de 2003, en Rio Negro (Medellín-Colombia) se reunió la XIV cumbre de la Comunidad Andina de Naciones (CAN) ocasión de saludar nuevamente a Hugo Chávez Frías quien llegó rodeado de dos docenas de paracaidistas dotados de boinas rojas. En las deliberaciones, un quejumbroso informe financiero sobre la Universidad Andina (UA), motivó la inmediata generosidad de Hugo Chávez Frías que comprometió la donación de un millón de dólares gesto, que tardó mucho tiempo en hacerse efectivo. Buen ejemplo de la prodigalidad bolivariana improvisada.

Fatigado de discursos repetitivos, Hugo Chávez Frías excusó su abrupta partida antes que la cumbre finalice, motivando una nota de humor de parte de Gonzalo Sánchez de Lozada que le pidió: "Ya que te vas antes, déjame por favor tu guardia.."

Para apreciar aún más, el imprevisible carácter de Hugo Chávez Frías, me remito a la XXII cumbre Ibero americana de Jefes de Estado, realizada en Santa Cruz de la Sierra del 15 al 17 de noviembre de 2003, donde siguiendo el ritual de estilo, al arribar al aeropuerto, los visitantes ofrecían ante la prensa, un breve saludo protocolar. Cuando le tocó su turno, Hugo Chávez Frías dijo textualmente: "Bolivia tuvo mar y, aunque se molesten algunos en este continente, lo lamento mucho, Venezuela seguirá reclamando solidaridad con Bolivia, en su derecho a las costas sobre el mar. No es justo que se le haya arrebatado la salida al mar…" Esa opinión desató una furiosa respuesta del chileno Ricardo Lagos, pero, en cambio, culminó en la comprometida gratitud del pueblo boliviano.

La última vez que conversé brevemente con el comandante Hugo Chávez Frías fue en 2008 en Caracas, donde acudí a su invitación al conclave constitutivo del Partido Socialista Unificado (PSUV) en el que se debatió su base ideológica.

Hugo Chávez Frías gobernó la Republicana Bolivariana de Venezuela del 2 de febrero de 1999 al 5 de marzo de 2013, fecha en que sucumbió al cáncer que le segó la vida, a sus 59 años.

Hugo Chávez Frías

EUROPA:

Bielorrusia:

ALEXANDRE LUKACHENKO (1954-......)

Elegido por vez primera presidente de Bielorrusia en 1994, Alexandre Lukachenko aventajado pupilo de Vladimir Putin, su mentor y protector, se reeligió seis veces en el cargo (2001-2006-2010-2015y2020) habiendo ganado en la última contienda con el 80% de los votos. Las multitudinarias manifestaciones de la oposición tanto en Minsk como en las principales ciudades del interior, que continúan siendo recurrentes ponen en duda los resultados de esos comicios.

En el otoño de 1996 a poco de haber asumido el mando, Alexandre Lukachenko visitó oficialmente Paris y en mi calidad de director en la UNESCO, tuve la ingrata tarea de otorgarle la medalla conmemorativa de nuestra Organización, en ceremonia realizada en su embajada. A Alexandre Lukachenko le brota a flor de piel su origen campesino por sus gruesas y callosas manos, la ausencia de buenos modales en la mesa y fuera de ella, su discurso que ostensiblemente la interprete recomponía para darle sentido y las sonoras palmas cuando de aplaudir se trata. Su afición por la champaña francesa fue notoria y festejada por los invitados. Pero, al cabo de 27 años de reino monopólico habría que analizar los secretos de su éxito. La situación geográfica de su país le ha permitido montar un columpio de amor-odio entre Rusia y la Unión Europea, aunque a partir de 2021, sus atropellos a los derechos humanos lo han alejado de ésta última, arrojándolo a los brazos de Moscú.

España:

FELIPE GONZALEZ (1942.......)

Compartiendo gestiones políticas con el expresidente Hernán Siles Zuazo durante su exilio en Caracas, me pidió acompañarlo para una entrevista con Felipe González que se hospedaba en el Hotel Caracas Hilton. Allí acudimos una tarde veraniega de 1978 y subimos a la habitación del famoso político español, entonces, de 36 años.

Presumiblemente, Felipe González se preparaba para una cena oficial y el tiempo lo atropelló, por cuanto nos recibió su compañero Luis Yáñez Barnuevo, futuro director encargado del Instituto de Cooperación Iberoamericana, explicándonos que Felipe González estaba aún bajo la ducha. Hernán Siles Zuazo , le replicó que "no se preocupe, entre compañeros, no existe el protocolo". Minutos más tarde apareció Felipe González envuelto en la toalla que cubría sus partes pudendas y después de los saludos apropiados, comenzó con sincera impudicia a vestirse, mientras conversábamos acerca de la situación del pueblo boliviano, sometido a la dictadura militar, comprometiendo la colaboración del PSOE (Partido Obrero Socialista Español) que presidía. Felipe González a sus 40 años logró ser el presidente más joven del reino, cargo que ejerció por cuatro mandatos desde 1982 a 1996. De regular estatura, entonces su negra cabellera y sus rasgos finos de *beau garzon* llevaban a sus admiradoras a gritarle en los mítines *Felipe, capullo, yo quiero un hijo tuyo*. Felipe González mantuvo antes y hasta hoy una estrecha relación con Hispanoamérica, criticando las autocracias y apoyando los gobiernos o partidos democráticos, ya sea desde la Internacional Socialista o en otros foros internacionales.

A sus 79 años, Felipe González es activo observador del acontecer mundial, en los grupos de reflexión a los que pertenece y en las declaraciones públicas que formula.

JOSE MARÍA AZNAR (1953 .....)

Durante la visita oficial del mandatario boliviano Gonzalo Sánchez de Lozada el 12 de abril de 2003, el presidente del gobierno español José María Aznar recibió en el palacio de la Moncloa, a la delegación toda en una cena de trabajo junto a su contraparte española. Fue el momento en que Gonzalo Sánchez de Lozada con su habitual humor, sorprendió a José María Aznar con aquella proposición audaz y pragmática. Le dijo algo así: "Y, tengo dos noticias para ti: la primera que nos responsabilizamos a realizar la cumbre Iberoamericana y la segunda...que la van a tener que financiar ustedes"

Mientras cenábamos, observé que, en la Moncloa, paseaban con aire majestuoso uno o más gatos. Preso de curiosidad, al salir osé preguntar al presidente Aznar, cuantos felinos albergaba su palacio y me contó que eran una pareja "Manolo y Margarita". Meses mas tarde, ya en Santa Cruz, cuando José María Aznar llegó el 15 de noviembre, para asistir a la Cumbre, al bajar del avión, le pregunté por Manolo y Margarita y me replicó que ahora había un tercero! Una dama curiosa intervino y le indagó "Son sus hijos?" – "No son mis gatos" contestó José María Aznar . ¡La impertinencia de la fémina no se detuvo allí, pues le intrigaba saber cómo yo conocía hasta el nombre de los gatos de un mandatario extranjero!

José María Aznar , menos alto que bajo, bien peinado, cultiva cejas bien pobladas, mostacho negro (ahora gris) y copioso. Es apasionado al expresar sus percepciones partidarias de derecha conservadora y sus francas críticas a los regímenes autoritarios que molestan a los autócratas, tanto que, en otra Cumbre, el venezolano Hugo Chávez arremetió contra el ausente José María Aznar . Su inflamada vehemencia molestó al Rey Juan Carlos que lo interrumpió con una sonora amonestación " ¡Porque no te callas!"

José María Aznar , a sus 68 años, está en receso de la política activa, después de haber servido por dos periodos de 1996 a 2004.

Francia:

FRANCOIS MITTERRAND (1916-1996)

Fue el 19 de octubre de 1994 que se fijó la audiencia especial para la presentación de las Cartas Credenciales que me acreditaban como Embajador de Bolivia ante el gobierno francés. Llegué acompañado de mi séquito al atrio central del palacio del Eliseo, allí nos esperaba una bien alineada Guardia de Honor, de cuyo comandante recibí el parte de ordenes correspondiente. Junto al jefe de protocolo, montamos por las escaleras gualda rojas hasta el salón dorado donde ya se encontraba de pie el presidente François Mitterrand flanqueado por el ministro de Relaciones Exteriores Alain Juppé. Luego de la fotografía de rigor, quedamos solos presidente y embajador, para el *tête-à-tête,* la silente presencia del Canciller. François Mitterrand gran señor, con aire monárquico por la espera que tuve que observar (eran las siete de la noche). Me apresuré a responderle "No es nada, señor presidente, el aguardar un poco tiempo. Yo he esperado por años una oportunidad semejante." Una sonrisa se dibujó en el rostro macilento y amarillo del mandatario, víctima de un cáncer a la próstata que lo consumía día a día. Lo noté aún más empequeñecido de sus 1.70 mts. Elegantemente vestido, como siempre, y dueño de ademanes que, sin ser amanerados, denunciaban una indisimulada urbanidad burguesa, con destellos del poder que, durante 14 años, era el suyo y comenzó "Siempre he tenido curiosidad de visitar su país. Y *helas!* Solamente pude viajar en América Latina a México y Colombia. Y, dígame, veo en su currículo que usted no viene de La Paz, si no de Cochabamba que, supongo está más baja ¿Cuándo usted sube a La Paz que se encuentra a……(3,600 mts. sobre el nivel del mar) no siente los efectos de la altura ?" Mi respuesta: "No señor Presidente, porque cuando yo llego a La Paz, sigo el sabio consejo local …¿me permite decirle en español ? François Mitterrand : *"Allez si, je comprends l'espagnol…"* Yo: "La primera noche, hay que comer poquito, beber agüita y sobre todo, dormir solito"

François Mitterrand sonrió con malicia, ante la mirada estupefacta de su canciller que me observaba absorto por mi irreverencia. Y, luego volcando el rostro hacia su ministro, le espetó: "Ha escuchado usted ?" Y dirigiéndose a mi me confió "Su consejo es pertinente, porque él está viajando mañana a Sudamérica"

La segunda impertinencia que cometí esa noche, fue romper el protocolo y como Bolivia ejercía la presidencia *pro-tempore* del Grupo Andino, pensé impetrar a Francia para que ejerza influencia en la Unión Europea, para que en el marco del acuerdo de preferencias arancelarias, se levanten las trabas burocráticas que impiden el flujo de sus productos de exportación en el mercado europeo. François Mitterrand reaccionó como un jacobino socialista (que lo era) y amonestó a su canciller así: "Por una parte se pide a estos países destruir los cultivos de coca y por otra parte se les niega el derecho de competir en nuestros mercados con sus productos legítimamente cultivados. Entonces ¿Dónde estamos, señor ministro ? o es que queremos ahogar las economías de esos pobres países ?"

Esa fue la última vez que tuve el privilegio de ver y tratar a Mitterrand, puesto que a los pocos meses luego de su viaje a Aswan en Egipto para pasar el Año Nuevo, puso fin a sus días interrumpiendo voluntariamente su tratamiento médico y el ocho de enero de 1996 falleció en Paris, a los 76 años de edad, en su apartamento de 9, avenue Frederic Le-Play, en el barrio 7 , a pocos metros de mi residencia parisina.

Quiso el destino que, en mi carácter de embajador, representara al presidente de Bolivia en los solemnes funerales que se realizaron en la catedral de *Notre Dame*, donde 150 jefes de Estado o de gobierno, le rindieron postrer homenaje.

François Mitterrand

JACQUES CHIRAC (1932-2019)

Mis primeros contactos con quien a través de ininterrumpido servicio público fuera alcalde, diputado, ministro, Primer Ministro y finalmente Presidente (1995-2007) se iniciaron cuando yo ejercía la función de Director para América Latina y el Caribe de la UNESCO (1985-1990) En esa condición me correspondió acompañar a los Jefes de Estado de la región, que deseaban visitar al entonces alcalde de Paris. La frecuencia de esas entrevistas permitió un contacto visual que luego evolucionó en conversaciones edificantes que se tradujeron en mutua simpatía. Cuando dejé mi empleo en UNESCO, Jacques Chirac me otorgó en ceremonia especial la "Medalla de la Villa de Paris". Años después en Jacques Chirac lanzó su candidatura a la primera magistratura enfrentando al socialista Lionel Jospin. En la concentración partidaria del Ressemblement pour la Republique (RPR), acudí presuroso a la proclamación. Fue entonces que Jacques Chirac al verme en primera fila me estrechó la mano con su habitual saludo "Mon cher ami" dijo…"yo lo creía en Bolivia". Estuve allí, le repliqué, pero me devolvieron como embajador. Siguió una efusiva felicitación y, Jacques Chirac fue elegido Presidente de la República. Apenas instalado Jacques Chirac creyó oportuno fortalecer a Francia como potencia nuclear frente a arrogancia americana y a la agresividad rusa. Una tercera opción europea perfectamente explicable. En esa perspectiva se impulsaron las pruebas nucleares en el Pacifico Sur (1996)). Aquellas maniobras provocaron estridentes protestas de los países ribereños, particularmente de Chile y Perú. La cancillería mapochina llegó al extremo de retirar temporalmente a su embajador José Manuel Morales. Ante esa circunstancia me aproximé al Quai d'Orsay para sugerir se invite al presidente de Bolivia Gonzalo Sánchez de Lozada, para compensar la hostilidad latinoamericana. Bingo! el jefe del gabinete presidencial Bernard Emié me convocó al palacio Eliseo, para confirmar la invitación oficial al mandatario paceño. Gonzalo Sánchez de Lozada junto a su esposa Ximena arribó a Paris, el 15 de octubre de 1995, habiendo sido hospedados en el lujoso Hotel Crillón. La entrevista JC-GSL tuvo lugar al día siguiente, un tete-a-tete con solo testigos, el embajador Carrasco, el consejero Emié y la interprete Micheline Duran. El tema principal de la conversación fue -obviamente- las pruebas nucleares y la crítica hostil de las naciones suramericanas, las que según Jacques Chirac terminarían prontamente y luego explicó las razones de esa medida:

"Con la implosión de la Unión Soviética, el mundo corre el riesgo de que se instaure una hegemonía unilateral. Para conservar en el campo internacional, la opción multilateral, es preciso mostrar que otras naciones, como Francia tienen la vocación y la capacidad de ser potencias nucleares que contribuyan a un equilibrio racional y segundo, porque me inquieta la dispersión del arsenal nuclear soviético. Imagínese que, aprovechando la crisis financiera de ese país, gente inescrupulosa venda implementos u ojivas nucleares a grupos terroristas. La moderna tecnología posibilita transportar material sensible, hasta en un pequeño maletín. Ante esa circunstancia, Francia tiene el derecho de preservar su seguridad ".

Así comenzó la amistad de Jacques Chirac con Bolivia, la que se fortaleció en ocasión de la decisión de la FIFA (1996) de suprimir a La Paz, de las competencias eliminatorias de la Copa del Mundo debido a la altitud. Siendo Paris la sede del campeonato de 1998, el gobierno me encomendó gestionar la mediación de Jacques Chirac para revertir esa decisión. En urgente entrevista, logré convencer a Jacques Chirac de usar su influencia en ese difícil tramite, toda vez que en la FIFA las resoluciones adoptan los 25 países miembros de su Consejo Ejecutivo. Como en todas las causas que las siente justas, Jacques Chirac las asume y se empeña en ganarlas. Esta vez no fue excepción y se dio el trabajo de escribir cartas personales a 12 jefes de Estados, amigos suyos, intercediendo por Bolivia. Finalmente, se consiguió ese anhelado objetivo y repicaron las campanas con júbilo boliviano. Meses más tarde, Jacques Chirac , acompañado de su hija Claude, aterrizaba en Cochabamba el 16 de marzo de 1997 para una visita de Estado de dos días, como lo había hecho De Gaulle, 34 años antes. Jacques Chirac arribó con una flotilla de dos air-buses y un avión militar. Integraban su comitiva cinco ministros, el crac Michel Platini, dos centenas de hombres de negocios, periodistas, camarógrafos y agentes de seguridad. Al día siguiente, el pueblo paceño llenó el estadio local, homenajeando a Jacques Chirac como a un héroe nacional.

Cuando el 15 de septiembre de 1998, terminé mis funciones de embajador, Jacques Chirac me recibió en la mañana en el Palacio del Eliseo y, ante mi sorpresa, en sencilla ceremonia me elevó a la dignidad de Comendador de la Legión de Honor, imponiéndome personalmente el corbatín respectivo.

Jacques Chirac era alto (1.90 mts) conservaba un perfil erecto, aquel carisma natural cautivaba a sus interlocutores, orador preciso, poseía un acento sofisticado en la lengua gala. Brillante parlamentario era hombre de acción que demostró su dedicación por 18 años a embellecer la villa de Paris, de la cual fue su alcalde...No se alteraba fácilmente, pero cuando lo hacía, cruzaba nerviosamente las piernas. Hablaba pausadamente, dando a cada palabra la fuerza de un golpe de martillo....

El 26 de septiembre de 2019, murió Jacques Chirac a los 86 años, aquejado de las secuelas de un accidente cerebrovascular acaecido años antes. Fue para mi honda emoción asistir a su sepelio en la emblemática iglesia de Saint Sulpice, compartiendo el dolor de los parisinos y el respeto a su memoria de los jefes de Estado presentes en las honras fúnebres.

Condecoración de Comendador de la legión de Honor (1997)

EMMANUEL MACRON (1977 ....)

El actual primer mandatario francés elegido a sus 39 años tiene detrás suyo una veloz y brillante carrera pública y, en su vida privada, es protagonista de una novela fascinante. Vecino mío en Paris, cuando habitaba el quinto piso del No. 15 de la rue Cler antes de mudarse al palacio del Eliseo, tuve la ocasión de cruzarlo muchas veces, en los ajetreos cotidianos de la vecindad, especialmente antes que sea nombrado Ministro de Economía por el presidente François Hollande y que se vuelva invisible en el barrio, apenas asumiera la jefatura de Estado el 14 de mayo de 2017. Sin embargo, no me privé de participar activamente en su campaña electoral, juntándome a sus simpatizantes en el Café Roussillon de la esquina Grenelle o asistiendo con mis alumnos a las concentraciones partidarias de su partido en formación "La República en marcha" (LREM). Emmanuel Macron, personifica el modelo del ganador por la perseverancia en sus emprendimientos, donde el motor principal es su sólida formación intelectual, su simpatía contagiosa y la insuperable superioridad sobre sus interlocutores que, a veces, devela en su discurrir ese tufillo a petulancia elitista. Posee en su oratoria improvisada silogismos bien hilvanados con premisas oportunas que conllevan conclusiones convincentes. En cambio, sus discursos escritos son verdaderas piezas académicas de amplia erudición y bien cimentada construcción ideológica. Su irrupción al primer plano político tuvo tal potencia que demolió las aspiraciones de los partidos tradicionales tanto de la derecha como de las izquierdas, situándolo en el centro triunfante. Al cabo del quinquenio de su mandato, el panorama no ha variado mucho y en las próximas elecciones de 2022, como antes, Emmanuel Macron a sus 44 años, tendrá al frente a Marina Le Pen, la lideresa de la extrema derecha.

En el nivel sentimental, Emmanuel Macron a la edad de 14, enamorado de su profesora de literatura 24 años su mayor, resuelve conquistarla y venciendo explicables batallas familiares, luego del divorcio de su Dulcinea, madre de tres niñas, llega a la cima de su pasión, se casa en el 2007 y hace de Brigitte, la primera dama de Francia.

Emmanuel Macron de mediana estatura (1.72 cm) es delgado, pero proporcionadamente equilibrado, blondo, perfil facial grato, siempre correctamente vestido, es prototipo del BCBG (*bon chic, bon genre*) o sea de estilo clásico y elegante. Hijo de médicos, concurrió a las mejores escuelas y universidades francesas, posee la lengua inglesa y es alguien con quien se puede conversar sea de literatura, de historia (una de sus pasiones) de economía (fue banquero) o de asuntos de actualidad, campos en los que pasea con soltura y probidad.

Emmanuel Macron , europeísta a tiempo completo, no ha viajado mucho fuera del continente, pero tiene marcada sensibilidad por el África, prudente acercamiento con Rusia y China, exigua familiaridad con Asia y curiosidad por América Latina.

Emmanuel Macron

Portugal:

MARIO SOARES (1924-2017)

Habiendo sido acreditado embajador- concurrente ante el gobierno portugués, llegué en el otoño de 1995, a Lisboa para presentar las cartas credenciales de rigor. Un rígido protocolo dispone estar ataviado del *jacquet* de estilo para esa ceremonia donde fui recibido en el portal del palacio de Belén, por la guardia de honor a caballo, luciendo vistosos trajes apropiados. El presidente Mario Soares me aguardaba de pie, acompañado por varios ministros de Estado. Cumplido el saludo de cortesía, me invitó a tomar asiento a su diestra y me dejó perplejo con su primera pregunta:

Mario Soares : ¿Sabía usted, señor embajador, que, una vez, Lisboa fue la capital de Bolivia ?

En principio asumí un *lapsus* histórico del presidente o lo que es peor una laguna geográfica imperdonable. Rápidamente el mismo, se encargó de aclarar su arremetida:

Mario Soares : Verá usted, el año 1983, el presidente de Bolivia, Hernán Siles Zuazo, fue secuestrado y se desconocía su paradero. En esas circunstancias, se encontraba de visita en Lisboa, el vicepresidente Jaime Paz Zamora, a quien yo, anoticiado del hecho, le ofrecí toda mi colaboración, mientras se aclaraba la situación en Bolivia. En efecto, se le proporcionó un espacio de oficinas, de secretariado y de telefonía, desde donde el virtual presidente en ejercicio comenzó a despachar como si estuviese en La Paz. Por lo tanto, cuando menos por un par de días, la capital de Bolivia, fue Lisboa..

Aparte de ése risueño episodio, Mario Soares me contó otra anécdota relacionada con Bolivia. Ocurre que cuando se encontraba en el exilio aterrizó en Sao Paolo y con el deseo de visitar Bolivia, se apersonó al consulado en esa ciudad. El funcionario de turno observó que el pasaporte presentado no correspondía a su verdadero nombre. En efecto es habitual en los países lusitanos que se registren apellidos paternos y maternos interminables y en el caso de Mario Soares , el suyo es Mario de Alencar Rodríguez Soares. La visa fue rechazada y Mario Soares se quedó sin conocer Bolivia.

Varias veces más encontré a Mario Soares , en trajines diplomáticos o como cófrade en la Academia de Ciencias de Ultramar de Francia, donde Mario Soares en vida, fue también miembro.

A Mario Soares , hombre de mediana estatura, cabello entre cano, fina urbanidad, socialista de acción y convicción, la última ocasión que lo saludé fue durante la transmisión presidencial a su sucesor, en marzo de 1996.

Mario Soares murió en Lisboa, el 7 de enero de 2017, a los 92 años.

Mario Soares

Yugoslavia:

JOSIP BROZ TITO (1892-1980)

En su segunda presidencia, el boliviano Víctor Paz Estenssoro, adherente entusiasta del Movimiento de Países No Alineados (NOAL) originado en la conferencia de Bandung (1955) invitó al Mariscal Josip Broz Tito a visitar Bolivia, más propiamente la ciudad de Cochabamba. Para preparar su estadía, arribó de Belgrado, una misión de avanzada encabezada por el ministro de la presidencia, señor Zrnobrania (Z) quien ofició de mi contraparte, como director de Ceremonial del Estado. Para hospedar a Josip Broz Tito , contratamos una bella residencia particular y, al mostrar a Z la alcoba destinada a Josip Broz Tito , éste me dijo en confidencia " Necesitamos una igual para su esposa, porque ellos no comparten dormitorio" No fue difícil complacer el requerimiento. Lo que sí complicó la distribución habitacional fue la insinuación de acomodar al edecán personal de la primera dama, en una pieza contigua. Esos detalles avivaron mi curiosidad de conocer y elaborar mi propia evaluación acerca de tan exigente señora. Apenas la vi, adiviné la fuerza de su carácter: Jovanka Budisavljevic a sus cuarenta años era una morena alta, de largos cabellos negros, ojos grandes y soñadores, de líneas corporales redondas, "pulposas" (como dirían los morfólogos franceses). Los pasos firmes y seguros en su caminar, delataban su pasado guerrillero en las montañas balcánicas donde conoció y acompañó a Tito en su agitada marcha hacia el poder.

En sus días cochabambinos, Josip Broz Tito gran madrugador, estaba de pie a las seis de la mañana, recto como un poste, impecablemente vestido con uno de sus seis trajes de *mohair* todos del mismo color y tonalidad: verde petróleo. No reía nunca y su aire serio inspiraba respeto. El médico personal de Víctor Paz Estenssoro, lo revisaba con esmero de pediatra, luego acudía yo a ponerme a la orden. Respondía en alemán sus preguntas puntuales de carácter geográfico o demográfico y, a partir de las siete, Josip Broz Tito tomaba el café matinal con sus colaboradores que, cargados de carpetas, se le aproximaban con temor casi religioso.

Al término de la visita, el canciller Kocha Popovich, famoso guerrillero republicano durante la guerra civil española y partisano después contra la ocupación nazi me otorgó, de sus manos la Orden de la Bandera Roja, máxima presea de Yugoslavia.

Josip Broz Tito presidió la federación yugoslava, con mano de hierro, desde 1953 hasta el fallo cardiaco que, a sus 88 años, le provocó la muerte el 4 de mayo de 1980.

Canciller Kocha Popovich impone la Orden de la Bandera Roja

ÁFRICA:

Llegando a Kenya año 1976

Benín:

MATHIEU KEREKOU (1933-2015)

En Cotonou, capital del entonces Dahomey y ahora denominado Benín, arribé puntual a la cita concedida por el capitán de 31 años, Mathieu Kerekou quien había capturado días antes la presidencia de la República el 26 de octubre de 1972, en cruento golpe militar. Mathieu Kerekou era bajo de estatura, flaco de carnes, en traje de campaña bélica, boina roja, botas de combate, manos huesudas que al hablar se movían como el vaivén del parabrisas de un automóvil. Aún así estaba llamado a jugar un rol prominente en la historia de Benín. Más tarde, en marzo de 1996 fue elegido legalmente para el cargo y reelecto en marzo de 2001, hasta el 6 de abril de 2006, totalizando 18 años y 5 meses, al mando, entre dictadura y democracia. Sin duda yo era uno de sus primeros visitantes, pues cuando entramos a su despacho, no se levantó del escritorio y con la vista atenta a su agenda, comenzó lanzando una terrible diatriba contra las cruzadas por la paz mundial : " de que tipo de paz hablan ustedes cuando miles de niños mueren de hambre en el África, donde uno de cada tres, no tiene trabajo. No hay ni un solo médico en las áreas rurales". Varias veces mi acompañante Desiré Komlan Edho, natural del lugar, deseaba interrumpirlo, pero el capitán golpista lo callaba con un signo de la mano. Después de varias estrofas inflamadas, agitado, terminó su perorata y me dijo "Que desea usted en Cotonou ?"

Le respondí que quería saludarlo y que me complacía estar en perfecto acuerdo con los denuestos que acababa de expresar y es más, que los suscribía en su integridad. "No comprendo " replicó " Y, entonces porqué dirige ese organismo ?"

Mi asistente tuvo que aclarar que yo era Secretario General de la Asamblea Mundial de la Juventud (WAY) y no del Consejo Mundial de la paz, cuyo Secretario General, Romesh Chandra, era el siguiente en el rol de audiencias de esa tarde. El militar volvió a leer su agenda y, constatando su equivoco, lanzó una estruendosa carcajada y me dijo: "Usted debe ser un espléndido diplomático cuando ha aguantado una reprimenda dedicada a otro. En compensación le ofrezco mi amistad.."

Mathieu Kerekou dejó el poder abjurando de su inicial apego al marxismo-leninismo, volvió a la presidencia, pero no pudo reelegirse por tercera vez en 2006 porque la Constitución fija un límite tope de edad para ejercer ese cargo. MT murió a los 82 años, en 2015.

Gabón:

OMAR BONGO (1935-2009)

Ocurrió que cuando el presidente boliviano Gonzalo Sánchez de Lozada cumplía visita oficial en Francia, también hacía lo propio su homologo gabonés, Omar Bongo. Como ambos fueron hospedados en el Hotel Crillón, junto a mi colega embajadora Honorine Dosou-Naki convinimos en promover un encuentro cumbre entre nuestros mandatarios. El 16 de octubre de 1995, a las 9.30 de la mañana ingresamos a la suite de Omar bongo, quien nos esperaba de pie, elegantemente ataviado con un traje azul, cortado por *Francesco Smalto*, para su modesta estatura de 1.51 mts. Varias redes televisivas africanas cubrían el evento y sus destellos no cesaron hasta ser despedidos cortésmente por el servicio de seguridad.

Rompió el dialogo el boliviano que bromeó "Que puesto fatigante el nuestro, verdad señor Presidente? Mire, (dijo alisándose el cabello) yo entré con la cabeza negra y ahora está blanca" El gabonés lo estudió con atención y replicó: "Y, cuanto tiempo está en el poder?" "Dos años y usted?" contestó Gonzalo Sánchez de Lozada . "Veintisiete años" confesó Omar Bongo quien, hasta su muerte en 2009, completó 42 años en el cargo.

Omar Bongo se interesó por conocer posibilidades de inversión en Bolivia y cuando Gonzalo Sánchez de Lozada propuso crear comisiones mixtas para estudiar la factibilidad de proyectos, Omar Bongo le cortó indicando que él se refería a inversiones suyas de índole personal.

Al salir le advertí a Gonzalo Sánchez de Lozada que Omar Bongo al mando de la pequeña potencia petrolera del África, era también el mayor billonario del continente.

Con invitaciones verbales mutuas, concluyó la primera, única y tal vez última cumbre boliviano-gabonense.

Omar Bongo murió en un hospital de Barcelona, el 8 de junio de 2009, a la edad de 73 años.

Libia:

MUAMMAR EL KADHAFY (1942-1977)

Invitado por la Unión Panafricana de la Juventud en 1974, llegué a Bengasi donde se desarrollaba un encuentro de esa entidad. El coronel Kadhafy guía de la *Yamahirya* (Estado de masas) hacía cinco años que había capturado el poder (1 de septiembre de 1969) tan solo tres semanas antes que el general Alfredo Ovando hiciese lo propio en Bolivia (26 de septiembre de 1969) . Imperaba la tendencia militar neo-nasserista con Juan Velasco Alvarado en Perú u Omar Torrijos en Panamá, impregnada de antiimperialismo, anti colonialismo y con fiebre de nacionalizaciones. Cuando mis anfitriones me preguntaron que excursión adicional o cómo se podría hacer más grata mi estadía, les respondí que mi mayor aspiración era estrechar la mano del coronel Kadhafy y saludarlo personalmente. Para entonces ya había leído un pequeño breviario de sus pensamientos sobre la "tercera vía" que, con tapas de color verde, se asemejaba en tamaño y propósito al librito rojo con citaciones de Mao que blandían los jóvenes en sus travesuras cometidas durante la Revolución Cultural. Cuando al cabo de una semana, ya había olvidado mi pedido, una noche, a las dos de la madrugada, me despertaron golpes a la puerta de mi habitación en el hotel *Al Jessira* (ex Bernicchi, en su periodo colonial italiano). Al abrir irrumpieron dos guardias y un dirigente que, con las debidas excusas, me explicaron que el coronel Kadhafy, había llegado de Trípoli, que se encontraba en el vestíbulo del hotel y que era el momento adecuado para presentármelo, como era mi deseo. No me abandonaron mientras me vestía, por precauciones de seguridad y bajamos de inmediato al encuentro del guía revolucionario.

Ese año, (*Muammar Abu Minyar al-Kadhafy)* había cumplido 32 años. Era entonces delgado, de rasgos faciales regulares, de tez más bien blanca. Huellas de una varicela mal curada surcaban su rostro que cobijaba como candiles aquellos ojos brillantes del iluminado. Un traje bien cortado de color avellano y cuello "Mao" le daban un aire elegante y a la vez distendido. Interrumpió su coloquio con algunos estudiantes de la universidad *Garyounis* a los que arengaba en su lengua y nos saludamos con ese calor afectuoso que solo los árabes saben prodigar. Era el periodo en que estaba aislado del mundo, cuando Libia atravesaba su condición de país paria, santuario de terroristas palestinos y libaneses. Haciendo uso de un inglés básico, pero gramaticalmente correcto y calmado, me dijo: "Tengo mucho placer de conversar con usted, porque hasta ahora únicamente he conocido latinoamericanos que eran o comunistas o diplomáticos y ninguno de ellos habla con sinceridad…"

Le hice el análisis que correspondía a la región, en ese tiempo pletórico de dictaduras militares y de guerrillas ineptas, discurso que hábilmente hizo cuadrar con sus propias recetas para enfrentar a los adversarios del Tercer Mundo. Me dijo que estaba estableciendo una misión en Buenos Aires y que sus servicios me mantendrían informado de los acontecimientos en la *Yamahiriya*. Que me consideraba desde ya un amigo de Libia y que, en tal carácter siempre sería bien recibido. Unos regalos de artesanía en madera y cuero quedaron como recuerdo del coronel que, a sus 69 años, continuaba gobernando ese Estado maghrebino, hasta que una coalición de la NATO bombardeó el convoy en el que se desplazaba cerca de Sirte, posibilitando que una poblada vandálica lo linchara salvajemente. Era el medio día del 2 de marzo de 1977. Desde entonces a la fecha, en Libia reina la anarquía y el desorden entre luchas tribales y clanes castrenses. Un cargo pesado en la conciencia de Occidente.

Mauricio:

CASSAM UTEEM (1941......)

Durante mi mandato como Secretario General de la Asamblea Mundial de la Juventud -WAY- (1972-1976) con sede en Bruselas tuve múltiples viajes de trabajo y de contacto en la centena de países afiliados a esa importante ONG. En mi primera visita a la isla de Mauricio, conocí aquel joven líder del movimiento juvenil Cassam Uteem, descendiente de inmigrantes indios (Uttar Pradesh) que me impresionó por su genuino carisma, verbo fácil tanto en francés como en inglés y su simpática figura física. Ojos grandes de mirada penetrante y una barbita bien recortada (entonces negra, ahora blanca) Todo él, se imponía entre sus seguidores, pese a su modesta estatura, quizá, también por su entrega al servicio social, actividad que coronó con un masterado. Novel diputado siguió su ascendente carrera política hasta culminar en la presidencia de la República, durante nueve años (1992-2002). Habiéndole frecuentado en innúmeras reuniones de juventudes, la última vez que conversé con Cassam Uteem fue en 2000, en su hotel parisino, Cassam Uteem ya popular presidente y yo profesor universitario. Un dialogo pleno de recuerdos confirmó nuestra vieja amistad.

Túnez:

BEN ALÍ (1936-2019)

En funciones como embajador de Bolivia en Francia, también fui concurrente a Túnez y en esa condición presenté las cartas credenciales que me acreditaban ante el presidente Zine-el Abidine Ben Alí, en la primavera de 1995. Como es habitual, improvisé un corto discurso de circunstancias, diciendo que era "un gran honor para mí representar a Bolivia ante el gobierno de Túnez, un oasis de paz y prosperidad.." No pude terminar mis palabras, porque Ben Alí me cortó diciendo: "Embajador, al salir de este palacio le dirán que yo soy un dictador.." Esta vez fui yo quien le interrumpí y le manifesté "Ya me lo dijeron, Señor Presidente, pero a mi modo de ver lo que usted hace no es dictadura, si no democracia con energía.." Ben Alí sonrió placenteramente y viendo a su silente canciller replicó : *J'aime la formule* (me encanta la fórmula). Ese episodio, me premió con el trato preferencial de Ben Alí que se tradujo en mis frecuentes visitas a Cartago, en casi un lazo amical. Por ejemplo, cuando la FIFA debido a la altura, decidió vetar a La Paz ser sede de las eliminatorias para la Copa del Mundo (1998) acudí a Ben Alí para que Túnez como vicepresidente africano del Consejo Ejecutivo, apoyara nuestra gestión para revertir ese fallo, Ben Alí cumplió a cabalidad ordenando a su delegado Slim Aloulou, batirse como gladiador por nuestra causa. La FIFA terminó dando marcha atrás. Meses más tarde, el 14 de abril de 1996, para la visita del Papa Jean Paul II, estuve a la diestra de Ben Alí , como punto focal de los representantes católicos del Cuerpo Diplomático.

Lamentablemente, aquel atropello absurdo de la policía contra un modesto vendedor ambulante en la ciudad de Sidi Buzid, desató movilizaciones sociales de protesta que fueron la chispa que incendió todos los países de la región en lo que se denominó la "primavera árabe" Y, obviamente, Túnez fue la primera víctima. Ben Alí fue derrocado el 14 de enero de 2011 y buscó refugio en Arabia Saudita, donde a sus 83 años, murió en Jeddah el 19 de septiembre de 2019.

Sud África:

NELSON MANDELA (1918-2013)

Cuando recibí la invitación de la Alcaldía de Paris a mediados de julio de 1996, para asistir a una recepción matinal de saludo a Nelson Rolihlahla Mandela, me afané para confirmar mi presencia como embajador de Bolivia, por la admiración que sentía hacia aquel infatigable luchador por la democracia de su país, sojuzgado por ese odioso sistema del *apartheid*, hasta que fue abolido en 1993. Vino a mi memoria las innumerables ocasiones en las que participé militantemente, desde mi temprana juventud, en manifestaciones políticas exigiendo la libertad del "Madiba", que soportó por 27 años la prisión en Robben Island. Este abogado, boxeador, guerrillero y líder del *African National Congress* (ANC) por su perseverancia y lealtad con sus principios, se había convertido en un mito viviente, bien antes de devenir presidente de la Unión Sudafricana, dignidad con la que era, hoy, recibido con todos los honores en Paris.

Por cuestiones de precedencia protocolar, en la fila del Cuerpo Diplomático, con la embajadora de Estados Unidos, Pamela Harriman (PM) (1920-1997) siempre nos encontrábamos lado a lado, además de haber entablado una cálida solidaridad laboral y complicidad amical. Con la subsecuente sinceridad PH me confió "tengo una cercana amistad con Nelson Rolihlahla Mandela y hemos dialogado con frecuencia ". Al momento en que Nelson Rolihlahla Mandela se acercaba uno a uno apretando la mano de los embajadores alineados para el efecto, casi pasó de largo de PH. Ella, visiblemente ofendida, insistió en presentarse ante Nelson Rolihlahla Mandela y le dijo "No me está reconociendo! Soy PH.."y el Madiba, con gran sonrisa le besó la mano extendida y replicó "Perdón, pero usted se ve cada vez más bella y más joven" Ese gesto nos permitió conversar en trío, un tanto más con Nelson Rolihlahla Mandela que finalizó enviando saludos a "mi amigo Bill Clinton".

Nelson Rolihlahla Mandela, alto y erguido en sus 1.95 cms, a sus 78, mantenía una esbelta elegancia, ataviado en un traje gris, bien cortado, camisa blanca y corbata azul. Había dejado en su ropero su habitual blusa multicolor de costura africana que parecía ser su inefable marca. Pelo casi totalmente blanco, andar pausado y rostro risueño.

Con tres años antes había sido galardonado con el Premio Nobel de la paz y luego electo presidente para el periodo 1994-1999. contrariamente a sus homólogos africanos que buscan afanosamente la reelección, Nelson Rolihlahla Mandela luego de una ejecutoria remarcable, en la que pacificó Sudáfrica y consolidó el sistema democrático, inter racial, se retiró a la vida privada, reverenciado dentro y fuera de su tierra natal. Murió universalmente homenajeado a los 95 años, dejando un legado de decencia y bonhomía.

Zaire:

JOSEPH MOBUTU (1930-1997)

La antigua colonia belga denominada Congo, en el proceso de descolonización no solo cambio su nombre por Zaire (como el rio) si no que su mas conspicuo mandatario Joseph Mobutu también trocó el suyo por otro de connotación local *Mobutu Sese Seko Kuku Ngbendu wa za Banga*, ("Mobutu, el guerrero que va de victoria en victoria sin que nadie pueda detenerlo")

La fulgurante ascensión de Joseph Mobutu comienza desde los albores de la independencia, cuando en 1960, el legendario Patrice Lumumba, su rival, es cruelmente asesinado. Desde entonces, Zaire (ex Congo-Kinshasa, por su capital) ha sido escenario de recurrentes guerras y guerrillas tribales por el control del poder político. Zaire, en su enorme territorio encierra ingentes recursos naturales que Joseph Mobutu ha administrado como propios durante los 32 años de su mandato (1965-1997), a punto que, a su muerte acaecida por un incontrolable cáncer a la próstata (1977) su fortuna personal se calculaba en 5.000 millones de dólares.

Joseph Mobutu militar de carrera, fue también periodista de pluma ácida contra Occidente y cultor del orgullo africano. No obstante, al vaivén de la guerra fría supo sacar provecho de su alineamiento y gozar del apoyo económico y militar de los Estados Unidos y el reino de Bélgica, acomodo con el que consolidó su poder. Megalómano, su efigie, luciendo su inefable toca de piel de leopardo, se hizo famosa en estampillas, billetes de banco y retratos en todas las reparticiones públicas. Su irrespeto por los derechos humanos excedió todo límite, siendo frecuentes las ejecuciones extrajudiciales con sus oponentes.

Pese a ese prontuario que lo mostraba como un personaje infrecuentable asistí a un almuerzo en su honor, ofrecido por la Academia Diplomática Internacional de Paris, en su suntuoso local de la Avenida Hoch. Me acompaño en esa aventura el vicepresidente de Bolivia, Víctor Hugo Cárdenas, pues siguiendo instrucciones de la Cancillería, se trataba de obtener el apoyo de Zaire, para la candidatura de Bolivia a un sitio no permanente del Consejo de Seguridad en la ONU. Joseph Mobutu fatigado, de cabeza grande, labios gruesos, lentes de miope, lucía como dopado, nos saludó cortésmente, escucho la gestión con desgano, llamó a su asistente Desiré quien, tomo debida nota y nos despedimos sin mayor protocolo. Tres meses después Joseph Mobutu murió, a los 67 años, en un hospital marroquí, de Rabat.

ORIENTE PRÓXIMO

Palestina:

YASSER ARAFAT (1929-2004)

Un enorme cartel rojo anunciaba la Conferencia de Solidaridad con los pueblos, patrocinada por la Internacional Socialista, que se inauguró en Lisboa, los últimos días de Octubre de 1979. Estrellas políticas refulgentes de Europa, Oriente y América Latina se cruzaban por los pasillos posando para fotógrafos porque en esa época aún no circulaban los celulares. Abrazos aquí y allí entre los *fellow-travellers* detestados por los soviéticos y utilizados por los americanos en el multicolor mosaico de la guerra fría. Esa masa rejuntada el residuo de la Segunda Internacional, de la que nada quedaba del pensamiento reformista de Bernstein o del planteamiento marxista original.

Allí conocí por vez primera a Yasser Arafat entonces contento cincuentón, "érase un hombre a una nariz, pegado. Érase una nariz superlativa" así podría haberse retratado, con sus barbas a medio crecer, sus gruesos labios circundando una cavidad bucal siempre abierta y dispuesta a la sonrisa, su *kaffiyeh* albi-negro, cuadriculado, ocultaba una pronunciada calvicie, todo su pulposo cuerpo estaba embutido en su uniforme militar verde-olivo. Con Isabel, la hija de Salvador Allende y otros latinos, aprovechamos la *photo-opportunity* y nos fotografiamos con Mohammed Abdel-Raouf Arafat al-Qudwa al Husseini más conocido como Yaser Arafat, presidente de la Organización para la Liberación de Palestina (OLP).

Años después, en 1988, cultivé amistad, en Paris, con Hala Tawil, alumna mía en el CEDS (Centro de Estudios Diplomáticos y Estratégicos) y hermana de Suha, esposa de Yasser Arafat entonces y viuda, ahora. Y, en 2019, en la UNESCO, saludé a Zahwa, atractiva hija veinteañera de ambos.

La última vez que volví a encontrar a Yasser Arafat , galardonado en 1994 con el Premio Nobel de la paz, fue durante los funerales de François Mitterrand, el 11 de enero de 1996, cuando ambos fuimos los primeros en llegar a la catedral de Nôtre Dame. Nos confundimos en fraterno abrazo y – según la modalidad árabe- el antiguo guerrillero me estampó sendos ósculos humedeciéndome ambas mejillas. Fue ocasión apropiada para aclararle (ante su duda) que Bolivia conservaría su embajada en Tel Aviv y no la trasladaría a Jerusalén, como era la exigencia judía. Luego de susurrarme que amaba mucho a Bolivia, por ser un país igualmente explotado como Palestina, alcanzamos nuestros respectivos asientos y vimos llegar, uno a uno, a los 150 ilustres feligreses que representaban a otros tantos países.

Yasser Arafat dirigió la Autoridad Palestina desde su origen en 1996 hasta su fallecimiento en un hospital de Clamart (Francia) el 11 de noviembre de 2004, a sus 75 años. Las causas de su muerte dieron origen a encendidos debates y pruebas científicas *post-mortem* : envenenamiento con plutonio o aguda crisis gástrica ? El misterio continua.

Yasser Arafat

MANDATARIOS INTERNACIONALES

ONU

Javier Pérez de Cuellar

JAVIER PEREZ DE CUELLAR (1920-2020)

No sé cómo se vería de joven, porque salvo en fotografías, siempre lo conocí viejo. Alto y empinado hasta el final de sus días, era la caratula misma de algún "Manual del Diplomático". Aunque se dice que se graduó de abogado, en realidad hizo de la diplomacia bilateral y/o multilateral su oficio más preciado y rentable tanto en apariencia como en sustancia. Bien parecido, alguna hemiplejia mal sanada, le dejó la boca ligeramente torcida, pero, aun así, se desenvolvía con notorio aplomo en los varios idiomas que dominaba. Siete décadas de carrera diplomática lo llevaron a muchos países del planeta, donde se desempeñó siempre con brillo y talento, promoviendo encuentros entre dispares y construyendo consensos. Esa habilidad culminó con su elección a la Secretaría General de la ONU en 1982 y a su reelección en 1986, totalizando casi un decenio en ese alto cargo (1982-1991). En 1995, Javier Pérez de Cuellar lanzó su candidatura a la presidencia de su natal Perú, sin éxito alguno, porque parece que a sus compatriotas no les impresionan las celebridades, por cuanto su paisano Mario Vargas Llosa, premio Nobel de literatura, sufrió igual revés en las elecciones de 1990.

Javier Pérez de Cuellar al dejar Naciones Unidas, continuó activo en las tareas internacionales, entre ellas como delegado del Perú ante la UNESCO (2004). En esa circunstancia tuve la ocasión de cruzarme con Javier Pérez de Cuellar varias veces. En una de ellas quise saber el motivo por el cual la ONU había soslayado involucrarse en la guerra civil angoleña, pues como él conocía, mi tesis doctoral versó sobre *Los Cubanos en Angola – Bases para el estudio de una guerra olvidada (1975-1990)* empero, sea por indiferencia o por conservar aún la discreción de funcionario internacional, no me ofreció razón coherente alguna.

Javier Pérez de Cuellar , se retiró a vivir cómodamente en Paris y siendo Marcela, su esposa, una *socialite par excellence* gustaba frecuentar las reuniones sociales, donde nos veíamos a menudo sea en la embajada del Perú o en aquel memorable almuerzo que ofreció doña Beatriz Rivera (viuda de Antenor Patiño) en su *moulin* campestre en las afueras arboleadas de Paris. Allí acompañamos a la ilustre anfitriona en la mesa de honor, además de tres parejas, Javier Pérez de Cuellar y Marcela y la embajadora americana Pamela Harrimann, escoltada por mí. En amena sobremesa, Javier Pérez de Cuellar se mostraba diestro en la trivia social. JPC, enviudó en 2013 y murió a los 100 años, en Lima, el 4 de marzo de 2020.

KOFI ANNAN (1938-2018)

Primer africano a acceder al puesto de Secretario General (SG) de Naciones Unidas, Kofi Annan natural de Ghana, realizó su carrera como funcionario del sistema onusiano, en diversos puestos, lugares y situaciones. Por ello, su elección fue saludada con el ahínco de los miles de empleados de todo nivel. Relativamente alto, conservaba aún octogenario, su garbo de viejo sabio africano. Barba blanca bien recortada y modales finos, parecía la versión negra de un abuelo sueco, reflejo quizá de su blonda segunda esposa. Hablaba pausadamente, midiendo cuidadosamente sus palabras, pero cuando asumía alguna posición, su firmeza era inflexible, como en su critica a la incursión bélica americana en Irak. La última vez que encontré a Kofi Annan fue en ocasión de su visita a Santa Cruz (Bolivia) para asistir a la XXIII Cumbre Iberoamericana de Jefes de Estado y de Gobierno (Noviembre de 2003). Allí, debido al buen número de celebridades asistentes, su presencia pasó casi desapercibida. Sin embargo, hubo momentos para conversar como antiguos colegas en la función pública internacional.

El periodo de su mandato como SG fue extendido desde 1997 hasta 2006. Kofi Annan escogió Suiza como lugar de su retiro, donde murió en Berna, el 18 de agosto de 2018, a los 80 años.

Kofi Annan

UNESCO

AMADOU MAHTAR M'BOW (1921......) Hasta entonces solo lo había conocido a la distancia que separa a los funcionarios del omnipotente Director General de la UNESCO. Pero esa vez, fui convocado por su gabinete, para un tête á tête de despedida, porque debía partir inminentemente a Brasilia, para asumir las funciones de embajador-representante de la UNESCO. Cuando ingresé a su despacho, me saludó de pie, y me ofreció asiento. Amadou Mahtar M'Bow, era alto, de rasgos estéticos, cabello entrecano, africano cien por ciento y acercándose a los sesenta y cinco años denotaba contagiosa vitalidad. De clara inteligencia y con una sólida base educacional, expresaba y defendía sus puntos de vista con el ardor de militante por las causas más nobles del Tercer Mundo. Para entonces ya había dado la vuelta al planeta varias veces y conocía personalmente a muchos líderes políticos tradicionales.

Antiguo profesor de historia y geografía , en ambos campos era una verdadera autoridad. Musulmán fundamental sin ser fundamentalista seguía puntualmente los ritos aprendidos de sus mayores desde su infancia en Saint Louis, en su nativa Senegal. En el fragor de la guerra fría despertaba simpatías en el Tercer Mundo, prudencia en el bloque soviético y suspicacia en el Occidente, primordialmente en Estados Unidos que no avalaba la iniciativa del NOMIC (Nuevo orden mundial de la información y la comunicación). Al cabo de animada conversación tuvimos la mutua impresión que compartíamos la misma trinchera en ese tinglado mundial de 1985. Un tema especial de armonía intelectual fue la lucha por la defensa de la identidad cultural de los pueblos y el derecho a un sano equilibrio en la diseminación de la información entre el norte y el sud. "Por todo ello" me recalcó "el rol de la UNESCO en un país tan grande e importante como es el Brasil, es vital para la vigencia de esos principios. Usted tendrá una delicada responsabilidad. En cualquier contingencia importante no dude en comunicarse directamente conmigo. Buena suerte"

A los pocos meses, Amadou Mahtar M'Bow me pidió organizarle una visita oficial al Brasil de diez días, la cual se cumplió exitosamente, incluyendo una excursión a esa fabulosa reserva ecológica del *Pantanal* más una inolvidable navegación por el rio Paraguay. A su retorno a Paris, el Director General de la UNESCO impresionado por triunfal periplo, propuso mi nombre al Consejo Ejecutivo para el cargo de director para América Latina y el Caribe, misión que me trasladó a la sede parisina.

En mis frescas tareas, acompañé a Amadou Mahtar M'Bow en varios viajes oficiales en la región, entre ellos a México, Perú, Bolivia, Haití y otros. Pero, el desplazamiento que mayormente me marcó para rememorar la personalidad de Amadou Mahtar M'Bow fue la visita a la ciudad colombiana de Popayán, declarada por la UNESCO, como "patrimonio cultural de la Humanidad". Al concluir la jornada, se descolgó una descomunal tormenta que nos impedía salir del hotel hacia el aeropuerto donde estaba aparcado el avión puesto a nuestra disposición. Enfrentamos el dilema de perder nuestras conexiones internacionales o arriesgar a enfrentar la furia celestial. Amadou Mahtar M'Bow preguntó al piloto si podría decolar y ante la afirmativa decidió viajar.

El embajador colombiano que nos escoltaba declinó subir al avioncillo y nos despidió al borde de la nave. El DG me dio la opción de seguirlo o quedarme. De inmediato le respondí que lo acompañaba. Sin embargo, no bien comenzamos el ascenso, la tempestad arreció y el aparato se movía cual hoja al viento, motivando la inquietante preocupación del piloto. Finalmente, al tomar con suprema dificultad mayor altura, dejamos atrás los negros nubarrones y aterrizamos en Bogotá, rodeados de carros bomberos y pálidos funcionarios de protocolo. Cuando Amadou Mahtar M'Bow llegó al término de su segundo mandato, en la Conferencia General de la UNESCO de 1987, se presentaron tres candidatos para la dirección general. Un ex general pakistaní, el exministro de Educación español Federico Mayor y Amadou Mahtar M'Bow. Para la victoria se requería el favor del 50% de los grandes electores que eran los 58 miembros del Consejo Ejecutivo. En tres sucesivas elecciones ninguno de los postulantes alcanzaba la cifra mágica de 28 votos y Amadou Mahtar M'Bow, aunque mayoritario se estancó en 23, lo que provocó su desistimiento y consecuente retiro, dejando atrás una fértil gestión de 13 años (1974-1987)

Amadou Mahtar M'Bow prosiguió su actividad cívica en Senegal e intelectual en Francia, donde entre otras distinciones ambos somos miembros de la Academia de ciencias de ultramar Academia de Ciencias de Ultramar de Francia en Paris.

Amadou Mahtar M'Bow , lúcido como siempre celebró su cumpleaños número cien el 20 de marzo de 2021.

IRINA BUKOVA (1952......)

El año 2009, la diplomática bulgura Irina Bukova, fue la primera mujer elegida como Directora General de la UNESCO, coronando su brillante carrera como canciller, embajadora de su país y miembro del Consejo Ejecutivo de aquella organización. Paralelamente, el egregio diplomático español José Luis Dicenta, asumió la Secretaría General de la Unión Latina, una entidad que agrupa a 34 naciones cuyas lenguas oficiales tienen en común su origen en el Latín, con sede también en Paris. Ese mismo año, fui honrado como Embajador, Delegado Permanente de la Unión Latina ante la UNESCO.

Aquella tarea me dio la ocasión de conocer la persona y la obra de Irina Bukova , remarcable profesional formada en los mejores centros de educación superior de la órbita soviética, pero de amplia tolerancia con las tendencia opuestas, base esencial para conducir una agencia internacional que como la UNESCO, alberga 195 países de diversas culturas y visiones del mundo. Irina Bukova fue reelegida por un segundo periodo, habiendo completado un decenio en ese importante cargo (2009-2017). Irina Bukova de pequeña estatura, pupilas penetrantes, ágil de movimientos, poliglota (búlgaro, ruso, inglés, francés y español) ejecutó cabalmente el plan de acción unesquiano, venciendo los obstáculos financieros y el retiro de la Estados Unidos de la UNESCO.

AUDREY AZOULAY (1972......)

Después de construir con brío una solida formación académica con su tránsito impecable por los más reputados centros de educación superior franceses como Sciences Po y la Escuela Nacional de Administración (ENA), ejerció el Ministerio de Cultura (2016-2017) en el gobierno de François Hollande, base por demás suficiente para ganar la Dirección General de la UNESCO, en una campaña electoral nada fácil, por la innovación que significaba la designación de una oriunda del país anfitrión. Audrey Azoulay desde sus 45 años, conduce la organización mundial rectora de la educación, la ciencia y la cultura confrontando el reto de armonizar intereses culturales y políticos para tender puentes de unidad en la diversidad. Tarea que Audrey Azoulay cumple con talento y notable carisma, cautivando a sus mandantes en francés, inglés, español y árabe, lenguas que domina con fluidez remarcable. Francesa de origen marroquí, socialista por convicción y amante del arte por vocación, recibió el 8 de marzo de 2020 las cartas credenciales que me acreditaban como Delegado Permanente de Bolivia ante la UNESCO, un puesto que ejercería por tercera vez, en mi carrera diplomática.

Audrey Azoulay es alta, esbelta, de armoniosos rasgos faciales y encantadora sonrisa, atributos que invitan a animar una charla más bien informal, lejos de formalismos burocráticos. Pese a ello, me correspondió relatarle los últimos acontecimientos políticos que sacudieron a Bolivia, origen del gobierno constitucional transitorio de la senadora Jeanine Añez. Era el tiempo en que la pandemia del COVID19 comenzaba a cobrar sus primeras víctimas y que obligaron a emprender modalidades de tele-trabajo que mitigaron los esfuerzos laborales en general y en particular aquellos de la UNESCO. Al cabo del segundo año de restricciones, Audrey Azoulay demostró su férrea garra de administradora para salvar la nave unesquiana en la devastadora tormenta. Resultado de ello, es el unánime apoyo para reelegirla como Directora General en la Conferencia General que tendrá lugar en Noviembre de 2021. Sus próximos desafíos serán-entre otros- la fulminante entrada de la educación digital a distancia y, en el terreno político, estimular el retorno de los Estados Unidos al seno de la Organización.

Embajador ante Unesco

SANTA SEDE

PAPA JUAN PABLO II - La primera vez que conocí al polaco Juan Pablo II, fue durante su corta visita a Managua, el 4 de marzo de 1983, en el aeropuerto, cuando emergió de su avión y descendió por la alfombra roja a saludar al presidente Daniel Ortega al gabinete y al Cuerpo Diplomático (donde me encontraba como representante de la UNESCO). A los pocos minutos, el ambiente se electrizó, cuando Juan Pablo II que entonces tenía la contextura de un boxeador, amonestó al sacerdote Ernesto Cardenal, ministro de Cultura, gritándole con el índice en la cara del poeta que, hincado imploraba bendición: "Ud. primero, debe reconciliarse con la Iglesia" La misa que siguió en la Plaza de la Revolución, parecía más algún mitin político, porque medio millón de nicaragüenses, divididos aullaban unos "Sandino vive" y los otros "El Papa, el Papa". Terminado el oficio religioso Juan Pablo II volvió presurosamente a su avión, sin responder al ofensivo discurso de despedida de Daniel Ortega , en el aeropuerto.

Muy diferente fue la visita que cumplió en Túnez, Juan Pablo II, el 13 de abril de 1996, donde luego de la solemne misa oficiada en la catedral, recibió el saludo de los diplomáticos acreditados ante el gobierno de Ben Ali.

Juan Pablo II

En una nación mayoritariamente musulmana, era solo la fervorosa minoría católica, la que apenas llenaba la basílica. En aquel salón contiguo, Juan Pablo II nos acogió a los embajadores católicos, dedicando a cada cual el espacio de algunos minutos de cortez conversación.

Al acercarme le expresé el privilegio que sentía de verlo en circunstancias tan disimiles que en Managua. Juan Pablo II solo atinó a decirme "¡Cuánto tiempo ha pasado!" y en seguida acotó "En Bolivia, ustedes tienen que hacer más por los indios"
Karol Josef Wojtila nació en la Polonia comunista en 1920 y en toda su carrera sacerdotal se distinguió por su tenaz lucha contra la opresión soviética.
Juan Pablo II ungido Papa en 1978, reinó el mundo católico hasta el día de su muerte, a los 84 años, el 2 de abril de 2005.

Bolivia:

LOS HIJOS DE LA REVOLUCIÓN

La primera parte de éste capitulo se refiere a un sólido reportaje a los vástagos biológicos de los principales conductores de la Revolución Nacional ocurrida en Bolivia, a raíz de la insurrección popular iniciada el 9 de abril de 1952. Iniciativa que se debe al ilustre intelectual cruceño Carlos Hugo Molina cuyo cuestionario fue respondido por Carlos Antonio Carrasco, ampliando el universo de los encuestados, en lo que corresponde a su actuación pública y a los recuerdos que recoge del trabajo que realizó en contacto personal con aquellos.

I.-Aporte personal

1.-Mis primeros contactos con los impulsores de la Revolución de 1952, comenzaron como Secretario Ejecutivo de la Federación de Estudiantes de Secundaria de La Paz, en las elecciones generales del 6 de mayo de 1951, cuando movilizamos cientos de activistas para lograr el triunfo del binomio Paz Estenssoro-Siles Zuazo. Desde entonces participé en las labores clandestinas de la Resistencia, en coordinación con el líder de la FUL (Fed. Universitaria local) Mario V. Guzmán Galarza y con Lydia Gueiler.

Mas tarde, después del "mamertazo" de 16 de mayo de1951, nos opusimos a la Junta Militar y, el día del Mar (23 de Marzo de 1951) desfilamos con el Colegio Bolívar, y al pasar por el altar patrio de la Plaza Abaroa, lo hicimos mostrando ostensiblemente el culo a las autoridades del palco oficial. Al final de la cuadra, policías civiles nos propinaron una feroz pateadura a los dirigentes.

Advino el 9 de abril de 1952, donde actuamos unos con fusiles y otros llevando mochilas de municiones o cocteles molotov, parapetados en el monobloc de la UMSA. Introito para ser elegido Jefe Nacional de la Juventud del MNR (1962-1964).

Asamblea política del MNR1

2.- El 18 de diciembre de 1953, mi padre me presentó en Palacio Quemado al presidente Víctor Paz Estenssoro, quien mediante esquela me transfirió al canciller Walter Guevara Arze. Previo examen de ingreso, desde febrero de 1953, entré a trabajar al ministerio como Oficial Segundo de Archivo. En marzo de 1955, obtuve la beca Juan Domingo Perón para estudios políticos en Buenos Aires.

Funcionario de carrera, en julio de 1957, fui destinado como Segundo Secretario a la embajada de Bolivia en Londres, bajo el embajador Paz Estenssoro. Cuando en 1960 fue elegido otra vez presidente, Víctor Paz Estenssoro me llamó a colaborarlo en la Secretaría Privada y luego como Director de Ceremonial del Estado, hasta mayo de 1964, fecha de su tercera reelección y mi debut como diputado por Potosí.

Víctor Paz Estenssoro y su gabinete

3.- El 4 de noviembre de 1964, comenzó la vida en el exilio primero en Lima, donde colaboré con Víctor Paz Estenssoro en la redacción de dos folletos: "La obra maestra de los militares restauradores" y "Contra la Restauración, por la Revolución Nacional"

De Lima el exilio me llevó como docente a Costa Rica y a Nueva York, hasta que el general Alfredo Ovando, junto a una nueva generación política, capturó el gobierno el 26 de septiembre de 1969 y me permitió retornar al país. Meses más tarde, como ministro de Información, el 5 de Octubre de 1970, a las 5 am de la mañana, me correspondió leer por Radio Méndez, la renuncia de Ovando, flanqueado por los ministros José Ortiz Mercado y Oscar Bonifaz.

Gabinete General Ovando 1970

4.- Otro exilio, me llevó a Bruselas y Caracas donde vivimos el ostracismo con Hernán Siles Zuazo, Walter Guevara Arze, Guillermo Bedregal y otros, hasta la fundación de la Unión Democrática y Popular , con la cual ganamos las elecciones de 1979, en las que fui elegido primer diputado por Cochabamba.

Diputado por Cochabamba

5.- El Congreso de 1979, primero después de la larga noche de gobiernos militares, fue una verdadera constelación de todos los matices políticos. Debido al empate técnico de los candidatos ganadores (Víctor Paz Estenssoro y Hernán Siles Zuazo, primero se eligió en interinato presidencial a Walter Guevara Arze y luego a Lydia Gueiler Tejada en ambos la pequeña fuerza parlamentaria (MNRI1) que encabezaba fue instrumento decisivo. El 18 de noviembre de 1979, juré como Ministro de Educación y Cultura, hasta el narco-golpe del 17 de julio de 1980.

Lic. Carlos Antonio Carrasco F.
MINISTRO DE EDUCACION Y CULTURA

6.- Esa fatídica fecha comenzó otro exilio con una prolongada carrera internacional que- con algunos interregnos- continua hasta el presente.

CONCLUSIÓN: Mi aporte personal en todas las funciones antes anotadas fue de apoyo intelectual y critica sincera y hasta osada a los grandes líderes de la Revolución con quienes trabajé, ora como secretario, ora como diputado, ministro o simplemente de contertulio de exilio.

Mi principal contribución se podría circunscribir al ámbito de la política externa, sea como articulador de alianzas o como representante de los intereses nacionales en foros multilaterales: Naciones Unidas, UNESCO. Cabe mencionar también el aporte intelectual para la mejor comprensión internacional, plasmado en una veintena de libros.

II.- Rasgos principales de la personalidad de los líderes de la Revolución.

1.- VICTOR PAZ ESTENSSORO (1907-2001)

A Víctor Paz Estenssoro se lo ha retratado desde diversos ángulos: desde las eulogías melosas hasta perfiles escritos con vitriolo. Con ninguna de ellas concuerdo. Frecuenté a Víctor Paz Estenssoro desde mi temprana juventud, ya sea como secretario del embajador en Londres, durante tres largos años, en que las tertulias diarias se convertían- a veces – en confesiones virtuales o en terapia necesaria para descargar emociones retenidas. Se lo tildaba de hombre frío, que en verdad lo era. Pero esas poses eran solo el barniz para preservar el respeto que inspiraba su presencia y que lo complacía íntimamente. Así era en Londres y no cambió de presidente en La Paz. Salvo, en Lima, donde vencido y vilipendiado por los militares golpistas y sus acólitos asalariados. O, también en Washington, donde lo visité cuando se recuperaba de una operación quirúrgica, apenas defenestrado por Banzer (1973) Entonces, se tornaba más humano, su fuerza quedaba rezagada.

Su sentido del humor afloraba para ironizar acerca de la apariencia física o las actitudes cotidianas de sus colaboradores más próximos, por ejemplo, cuando salíamos en sequito restringido a paseos dominicales ecuestres sobre caballos prestados por el Colegio Militar.

Jinete sin grandes galas rodeado por su esposa Chichina, Jacobo Liberman, Eduardo Olmedo López, Carlos Antonio Carrasco, un edecán y dos agentes de seguridad recorríamos las serranías de Calacoto, en sendos corceles adornados con monturas y bridas obsequiadas por el gobierno argentino.

Sin ser estrictamente monógamo, denotaba cierta timidez ante las damas atractivas que le gustaban, como cuando subimos bien acompañados a la cima del volcán Poas de El Salvador, en ocasión de la invitación que le formuló la Universidad Centromericana para dictar una conferencia sobre "planeamiento urbano", en 1971, semanas antes del golpe con Banzer, episodio que causó mi primera ruptura política con el Jefe.

Faceta bien conocida en la conducta de Víctor Paz Estenssoro era la puntualidad de sus horarios y la perseverancia hacia el logro de sus ansiadas metas. Una de ellas fue su empeño alcanzado de aprender la lengua inglesa ya pasados sus 50 años, mediante las pacientes clases que le impartía Miss Brown, todas las mañanas de 9 a 10 am, en la embajada londinense. Motivo de jolgorio fue el día en que culminó la lectura de su primer libro en inglés: "The Quiet American " de Graham Greene. Su distribución de tiempo no variaba, ni en el poder ni en la oposición: su jornada laboral comenzaba a las 8 am hasta las 13 pm. En Palacio, toda mañana se iniciaba en "petit comité" ingresando al despacho primero el lustra-botas, después su médico personal (Dr. Ismael Morales Pareja), el director de Informaciones Jacobo Libermann, el secretario privado Carlos Serrate Reich y el director de ceremonial Carlos Antonio Carrasco. Luego, el jefe de la Casa Militar y por último, a solas, el jefe de Control Político Claudio San Román, munido del legajo con las recientes transcripciones de las intercepciones telefónicas recopiladas el día anterior. A las 13, terminaba la media jornada, receso para el almuerzo.

La siesta siempre le fue sagrada hasta las 16 pm y luego el retorno a las tareas oficiales hasta la 20 pm. metódico como era, sus recreos ocasionales para excursiones furtivas fuera de Palacio se cumplían de 19 pm a 20 pm hora en que regresaba a Palacio todo sonrosado y con excelente humor.

Fidel a sus amigos, durante su tercera presidencia, fui el primer visitante en Palacio, el 29 de agosto de 1985, para declinar personalmente la nominación que me hiciera como embajador ante la OEA. El día anterior se había aprobado el D.S. 21060 y, me permití advertirle el costo social que implicaría la medida. "No se preocupe – replicó- estamos previendo un fondo social de emergencia".

Otra característica suya era su sublimada auto estima, que se medía en las visitas de Estado que lo acompañé primero a encontrar a Rómulo Betancourt en Caracas; a Alfonso López Mateos, en México; a U Than en Naciones Unidas y sobre todo a John F. Kennedy que recibió la llegada de nuestra comitiva en helicópteros, en los jardines de la Casa Blanca, a todos esos homólogos los trataba y lo trataban de igual a igual. Pareja situación cuando acogió en Bolivia, a Charles De Gaulle, al Mariscal Joseph Bros Tito, al duque de Edimburgo, a Juscelino Kubitcheck, a Ahmed Sukarno y otros estadistas de menor talla. En su segunda presidencia que fue la más fértil, lo escolté en todos sus viajes al interior y al exterior del país y todos ellos eran preparados de antemano con gran meticulosidad. Obediente al protocolo en rigor, su vestimenta era de tradicional fuste y en el interior del país aceptaba a regañadientes los consabidos homenajes de guirnaldas florales, impuestas por inefables lambiscones alrededor del cuello, soportando estoicamente la mixtura de papel picado en sus cabellos. En aquellos desplazamientos a lo largo y ancho del territorio nacional, su piloto personal favorito era el general René Barrientos Ortuño, quien el 4 de noviembre de 1964, también lo hizo aterrizar del poder al llano, en brusco descenso.

Sin ser un intelectual a tiempo completo, Víctor Paz Estenssoro era ávido lector especialmente de las modernas corrientes de la sociología política contemporánea, de revistas de actualidad y algunos best-sellers, amén de la prensa diaria. Cultivaba la amistad de pocos amigos cercanos, entre los que se destacaban Alfonso Gumucio Reyes y Eduardo Arauco, pero el más apreciado fue siempre su tío Jorge Paz Rojas, a quien incluso lo incorporó en el séquito de nuestra visita a Kennedy.

La última vez que vi personalmente a Víctor Paz Estenssoro fue en su casa de San Luis, en Tarija, acompañado de su coterráneo William "gringo" Bluske. Recordamos todas las ocasiones que trabajamos juntos y reímos con anécdotas cosechadas en las duras y las maduras.

Estaba interesado de mi labor como embajador en Paris y gustaba escuchar los detalles de mi gestión.

Hombre modesto en los afanes cotidianos de la vida, su austeridad era de notoriedad pública. Falleció en San Luis (Tarija) con la salud quebrantada a los 93 años, el 7 de junio de 2001.

General René Barrientos,
diputado Carlos Antonio Carrasco
y presidente Víctor Paz Estenssoro

2.- HERNAN SILES ZUAZO (1913-1996)

Comúnmente saludado como don Hernán, lo conocí poco antes del 9 de abril, envuelto en un viejo abrigo y fumando incesantemente, junto al dirigente universitario Mario V. Guzmán Galarza. Mas adelante lo visitábamos con los jóvenes del MNR en su despacho vice-presidencial. Durante todo su periodo presidencial (1956-1960) yo estuve en Londres y al retornar frecuenté a Hernán Siles Zuazo en mi calidad de jefe de la juventud del MNR .El vaivén de la política nos posibilitó un nuevo encuentro en 1977 en Caracas, donde vivimos el cómo exiliado y yo como Representante del UNFPA (Naciones Unidas) ante el gobierno de Venezuela. Fue un par de años de contacto casi diario, intercambiando noticias del país y recibiendo y despidiendo compatriotas en misiones confidenciales conspirativas, principal hobby de don Hernán. Nuestra amistad se fortaleció, particularmente por mis vínculos oficiales y personales con el entorno del presidente Carlos Andrés Pérez, ante quien gestionaba las visitas que Hernán Siles Zuazo deseaba hacerle para reavivar la causa nacional y solicitar ayudas puntuales.

Hernán Siles Zuazo vivía en un modesto apartamento en Campo Elías, el clima caraqueño permitía su vestimenta única consistente en una chamarrita azul ligera, pantalón negro y sandalias franciscanas, atuendo que rara vez cambiaba. "He hecho voto de pobreza" repetía a menudo y, ciertamente se notaba, en esa época de la Venezuela saudita, donde la población toda nadaba en la opulencia. Inteligente, Hernán Siles Zuazo era "un homme du coeur" (hombre de corazón), lo que no le impedía usar su astucia para avanzar políticamente, merced a su coraje sin par. Sin otra afición que beber café a raudales y fumar en cadena, cuando las circunstancias se le presentaban favorables, dejaba su castidad de costado y se adentraba en disfrutes de vivencia horizontal. Sin tener aversión a los libros, privilegiaba la tradición oral. Buen conversador, escuchaba con gran atención a sus interlocutores, pero era incapaz de redactar siquiera un telegrama. Razón por la cual se ingeniaba tener cerca algún escribidor. En efecto, si conservo de Víctor Paz Estenssoro , Walter Guevara Arze, Lydia Gueiler, Alfredo Ovando y otros, cartas autógrafas, de Hernán Siles Zuazo solo me quedan papelillos con mensajes urgentes. Hernán Siles Zuazo fue un ágrafo sensacional. Hábil articulador, ha sido el genial constructor de alianzas políticas amalgamando elementos opuestos.

Esas hazañas enervaban a Víctor Paz Estenssoro y a Walter Guevara Arze. Inclusive, cuando presidente, instruía a su ministro de gobierno José Cuadros Quiroga, destruir a Juan Lechín y, sin embargo, " se veía con él, detrás del cementerio" en La Paz, como me contó el "gato que fuma" en Paris, motivo que provocó su renuncia y su subsiguiente exilio dorado a la embajada en Francia. En Caracas, Hernán Siles Zuazo armó la Unión Democrática y Popular y sedujo al MIR o viceversa, que junto al PCB y otras fuerzas se impuso en las elecciones de 1979. Para esa contienda política Hernán Siles Zuazo me confió una tarea altamente confidencial: ser portador de una substancial cooperación económica donada solidariamente por el presidente venezolano Carlos Andrés Pérez. El empantanamiento congresal para el balotaje terminal entre los finalistas Víctor Paz Estenssoro y Hernán Siles Zuazo le produjo una gran frustración que, luego de los interinatos Guevara y Gueiler, el golpe de García Mesa lo empujó al exilio caraqueño. Su retorno a la presidencia el 10 de octubre de 1982, marca la culminación de su carrera política y su firme compromiso con la democracia.

Consecuente con la solidaridad en la resistencia, Hernán Siles Zuazo me invitó a asumir la embajada en Nicaragua, donde yo ya residía como asesor de la UNESCO, al declinar ese honor, nuevamente me convocó para el cargo de Ministro de Industria y Comercio que también, cortésmente rechacé. Prudente actitud, porque el gobierno de la Unión Democrática y Popular fue un estruendoso fracaso y Hernán Siles Zuazo se vio obligado a acortar su mandato, en honesto gesto, propio de su cristalina personalidad.

Hernán Siles Zuazo   murió, sin darse cuenta, en su retiro de Montevideo, a los 83 años, el 6 de agosto de 1996.

Carlos Antonio Carrasco
Jaime Paz Zamora
y Hernán Siles Suazo

3.- WALTER GUEVARA ARZE

Cuando en febrero de 1953, me incorporo a la **Cancillería**, empieza mi relación con el cerebro más lúcido de los fundadores del MNR. Mi amistad con Walter Guevara Arze se basaba en nuestro común origen cochabambino y la sincera admiración que me inspiraba su imponente figura de buen porte, su calva legendaria, su expresión facial de seriedad inmanente y su léxico preciso en el discurrir de sus análisis, usando imbatibles silogismos impregnados de lógica aristotélica. Era un hombre que pensaba bien y escribía mejor. Lo visité en Paris cuando se desempeñaba como embajador de Bolivia y a mi retorno a Londres, me encargó enviarle una reciente obra de John Strachey "Contemporary capitalism". Mientras hojeaba ese libro, Víctor Paz Estenssoro que estaba cerca, se interesó en el mismo y fue motivo de hablar de Walter Guevara Arze, de quien emulaba su intelecto.

En Cochabamba, en las elecciones de 1979, participamos en bandos opuestos Walter Guevara Arze como candidato a senador por el MNR y yo como primer diputado por la Unión Democrática y Popular . Ambos electos, le cooperé estrechamente en su entronización como Presidente Interino, el 9 de agosto, con la anuencia de Víctor Paz Estenssoro y la resignación desganada de Hernán Siles Zuazo . Tuve una activa participación en esa ascensión y en tal carácter le acompañé hasta el Palacio donde se reunió con su círculo más intimo: el senador José Luis Roca y su amigo Raúl Anze Tapia. Con su esposa Rosa Elena le ayudamos a reacomodarse la banda presidencial en el Salón Rojo, antes de su salida al balcón frente a la Plaza Murillo. Recuerdo su expresión de sincera alegría, mientras decía: "Parece mentira no? ". Tres meses después luego de la magistral estrategia diplomática en la Asamblea de la OEA que por unanimidad aprobó una resolución favorable a la causa marítima, se produjo el golpe del Cnel. Alberto Natusch Bush que destronó a Walter Guevara Arze.

El mas grande error de Natusch fue no haber clausurado el Congreso, pues enterradas las victimas fatales de la masacre de Todos Santos, retornamos a nuestros curules que nos sirvieron de trincheras para la resistencia primero y la negociación después.

Mi pequeña pero efectiva brigada parlamentaria del MNRI1 fue decisiva en la elección de la presidenta de la Cámara de Diputados, Lydia Gueiler como la siguiente mandataria interina, en perfecta sucesión constitucional De inmediato, cocinamos el nuevo gabinete en troika compuesta por Víctor Paz Estenssoro , Oscar "Motete" Zamora y este narrador, como jefe del MNRI1. Ingresamos con tres ministros, así me correspondió el Ministerio de Educación y Cultura, función que cumplí hasta la dramática caída de Lydia. Demás está anotar que por esa coyuntura nos distanciamos políticamente con Hernán Siles Zuazo , para reconciliarnos luego en Nueva York, desterrados ambos por García Mesa.

Walter Guevara Arze llegó exiliado a Caracas y se instaló en un cómodo apartamento en el edificio Mayflower en la plaza de Altamira, mientras yo ya habitaba en el pent-house del edificio Helena que quedaba justo enfrente. Esa circunstancia, fortaleció aun mas nuestro vinculo amistoso. Intercambiábamos no solo libros y revistas, si no también informaciones sobre Bolivia, acerca de la política interna venezolana y la chismografía de la numerosa colonia de expatriados. Aparte de ello, a menudo gozábamos de la excelsa cocina de Rosa Elena quien, además fabricaba salteñas para la venta al público y así redondear sus ingresos. La confianza era tal que, cuando la pareja se ausentaba de viaje, a veces por largas semanas, me dejaba las llaves de su departamento, con todos los encargos domésticos inherentes a ese cuidado. Walter Guevara Arze, frecuentaba el gimnasio para mantenerse en forma. Monógamo incorregible, llevaba una vida austera y disciplinada. No era afecto a alternar con el resto de los bolivianos residentes, mucho menos con Hernán Siles Zuazo o con Guillermo Bedregal quien era también vecino nuestro. En su carácter hosco de mesurada cortesía no cabía ninguna hipocresía, por ello alguna vez me confió "hay gente a la cual, el solo hecho de darles la mano me produce urticaria". En cambio, cuando políticos notables de paso por Caracas buscaban entrevistarse con Walter Guevara Arze, a través mío, éste se solazaba en recibirlos, entre ellos René Zavaleta o José Ortiz Mercado. Walter Guevara Arze, pronto consiguió el puesto prominente de consejero del presidente Carlos Andrés Pérez con oficina en la misma casa presidencial de Miraflores. Su labor consistía en elaborar "briefings" puntuales sobre temas internacionales de actualidad y otros en ocasión de los viajes de Carlos Andrés Pérez o de audiencias con sus homólogos de la región. Walter Guevara Arze dejó Caracas (como también lo hice yo y buena parte de los exiliados) para participar en las elecciones de la apertura democrática de 1979.

Diez años después, en 1989, como candidato a la vicepresidencia Walter Guevara Arze ganó la primera mayoría junto a Gonzalo Sánchez de Lozada, victoria electoral que les fue arrebatada por un mago otomano que inventó la formula del "triple empate" aprovechando un agujero constitucional, lo que posibilitó el triunfo de Jaime Paz Zamora (1989-1993).

Walter Guevara Arze falleció a los 84 años, a consecuencia de una oclusión intestinal, en su casa de la Avenida Arequipa, en Calacoto, el 20 de junio de 1996.

.- LYDIA GUEILER TEJADA (1921-2011)

La Revolución Nacional, entre sus mas notorios logros, implantó el voto universal que otorgó el derecho a voto a las mujeres y a los analfabetos que, hasta entonces (1952) estaban excluidos de la vida ciudadana. Por ese motivo es emblemática la elección en 1979, de la primera presidenta constitucional, en la persona de Lydia Gueiler Tejada, combatiente desde los albores de la resistencia al gobierno de la oligarquía minero-feudal que oprimió al pueblo hasta el 9 de abril de 1952.

Conocí a Lydia Gueiler Tejada , durante las reuniones clandestinas entre los estudiantes movimientistas, comandos obreros y femeninos en días previos a las elecciones de 1951. Era una linda mujer rubia, ojos claros, tez blanca y bellas piernas, a quien entre la muchachada nos apetecía ir a verla jugar tenis. Contemporánea de mi madre, era causa de envidia y admiración de su generación, por su recia personalidad y el coraje demostrado cuando a fines de la guerra del Chaco, se enlazó con un apuesto capitán paraguayo, prisionero en Cochabamba.

Mas adelante, en las jornadas de abril, ella participaba en los desfiles partidarios, encabezando los grupos de honor, con paso marcial y pistola al cinto. Dirigente sindical del gremio bancario, escaló prestamente posiciones dentro el MNR y en el parlamento, como diputada del sector de izquierda. Walter Guevara Arze, depuesto el 1 de noviembre por el golpe del Cnel. Natush, "el breve" por cuanto, éste a su vez, renunció el día 16, dejando un vacío que, el Congreso debía llenar. No fue tarea fácil, porque los postulantes impetraban abiertamente. El presbítero Leónidas Sánchez Arana, que a la sazón presidía el Senado, reclamó para sí esa designación. Las reuniones por bancadas, entre bastidores, adelantaban soluciones a cuál más temerarias mientras Walter Guevara Arze reclamaba volver al sitial usurpado. Entonces, una aritmética básica de los 79 votos requeridos situó en el fiel de la balanza, al MNRI1 de mi tutela, con sus escasos 12 votos. Decidimos, entonces, apoyar resueltamente a Lydia Gueiler Tejada que finalmente fue elegida. Fue emotivo trasladarse del capitolio legislativo al histórico Palacio Quemado, para formar el flamante gobierno, donde asumí el Ministerio de Educación y Cultura, cargo que ejercí hasta el 18 de Julio de 1980. Ese día reunido el gabinete, para analizar el alzamiento militar de García Mesa, nos llegó a medio día la noticia de la ejecución de Marcelo Quiroga Santa Cruz y el inminente ataque al Palacio En efecto, grupos paramilitares ocuparon la sala de edecanes y el conocido hampón Fernando "Mosca" Monroy me encañonó su metralleta en el vientre, presto a disparar, en ese instante el edecán Cap. García se interpuso decididamente y me salvó. De inmediato, volví a la sesión ministerial y junto al canciller Gastón Araoz, condujimos a Lydia Gueiler Tejada hasta la azotea de Palacio.

Fue allí, que un comando militar la detuvo y la condujo a la residencia presidencial de San Jorge, donde pistola al pecho la obligaron a firmar una carta de renuncia redactada de antemano. Lydia Gueiler Tejada horas mas tarde fue admitida como asilada en la Nunciatura Apostólica.

El interinato de Lydia Gueiler Tejada aunque breve, fue fecundo. Privada de una solida mayoría parlamentaria, su principal objetivo fue viabilizar las elecciones generales programadas y llevadas a cabo límpidamente el 29 de junio de 1980. Durante su periodo, otros elementos fueron la devaluación monetaria y el adelanto de la educación bilingüe en las escuelas fiscales.

La presidencia de Lydia Gueiler Tejada estuvo frecuentemente asediada por el constante "ruido de sables en los cuarteles" y las lealtades monetizadas que militares corruptos exigían a la presidenta. Mas de una vez, Lydia Gueiler Tejada detuvo intentos de aprobación de decretos sospechosos de contener ventajas ilícitas de parte de los colegas ministros con botas y sin ellas. Nuestra gestión impoluta era secundada por el contralor de hierro Manuel Morales Dávila. Lydia Gueiler Tejada fue insobornable vigía de la democracia interrumpida por el narco-golpe de 1980, instigado por carteles internos y externos ligados a los estamentos militares (principalmente argentinos) de la Operación Cóndor.

Gabinete de Lydia Gueiler Tejeda

Recuperada la democracia Lydia Gueiler Tejada sirvió al país en tanto que embajadora en Colombia primero y en Venezuela después. Semanas antes de su desaparición la visité en su casa paceña de Aranjuez, y aunque olvidaba sucesos recientes, se acordó de nuestro primer encuentro en plena clandestinidad, en la plaza de Churubamba, 60 años, atrás junto al compañero Tomas Siakar, antes que éste se suicidara envuelto en su dinamita de dirigente minero.

Lydia Gueiler Tejada murió en La Paz, a los 89 años, el 9 de mayo de 2011.

5.- JUAN LECHÍN OQUENDO (1914 – 2001)

Con Juan Lechín Oquendo compartimos la coincidencia que, al igual que mi padre (Carlos Carrasco Ávila), ambos nacieron en el distrito minero de Corocoro, con pocos años de diferencia. Quizá por ello, es el único líder con el que siempre nos tuteamos, seña lingüística que permite mayor cercanía y sinceridad. Lo conocí en la primera reunión fundadora de la Central Obrera Boliviana, realizada en el local del sindicato grafico sita en la calle paceña Indaburo, el año 1953. Joaquín Lechín Oquendo facilitó la representación de Carlos Antonio Carrasco por los estudiantes de secundaria y de Mariano Baptista Gumucio por los universitarios.

Juan Lechín Oquendo fue sin duda alguna la figura más carismática de la Revolución   no solo por su imponente porte de 1.85 mts, con sus negros ojos de mirada penetrante y compasiva, su frecuente sonrisa que delataba sus grandes dientes lepóridos y mostacho a la italiana, es decir una composición facial que junto a su pausado hablar, seducía a las mujeres y convencía a los varones.

Firme en sus creencias políticas, su verba jamás traslucía esos odios hepáticos tan frecuentes en sindicalistas. Inclusive en las tertulias amicales, su mas osada ofensa era decir a su contrario "No seas pues crudo…"

En los albores del gobierno revolucionario, como ministro de Minería, impulsó la recontratación de los obreros de las minas nacionalizadas, medida tildada de demagógica que al decir de José Cuadros Quiroga su feroz adversario, "la popularidad de Lechín, costó al Estado, cerca a 18 millones de dólares."

Nombrado embajador en Italia, Víctor Paz Estenssoro le ofreció una cena de despedida en Palacio, a la que asistió escoltado por su hermosa y elegante esposa la "Coca"Weisse. Recuerdo que, al entrar al salón, Víctor Paz Estenssoro le susurró al oído "A ver que mejoras traes para aquí, cuando seas presidente…" típica picardía para asegurarle que aquel exilio dorado tendría su recompensa que, a su retorno, Víctor Paz Estenssoro incumplió. Como Salvador Allende y otros dirigentes de la "izquierda caviar" Juan Lechín Oquendo gustaba de las buenas cosas de la vida: ropa de marca, buena mesa, compañía femenina grata…en suma, "la dolce vitta", aunque pienso que su autorizada biógrafa exagera cuando dice de Juan   Lechín Oquendo "incansable mujeriego…obrero de día, burgués de noche" Prefiero encontrarlo en la novela "La gula del picaflor" obra de su hijo Juan Claudio

Tres reproches se le hacen a Juan Lechín Oquendo: haber aceptado la invitación de Chiang Kai shek para visitar Taiwán; su participación en el golpe del 4 de noviembre de 1964 que ungió a Barrientos, y aceptar ser condecorado por el exdictador Hugo Banzer. Sin embargo, ni esas ni otras criticas impidieron que Juan Lechín Oquendo sea amado y seguido por las masas obreras durante más de medio siglo. Hostigado por las derechas, tolerado por la izquierda radical, su legado continuará siendo motivo de controversia, pero su simpatía perdurará entre sus amigos y feligreses.

Juan Lechín Oquendo, murió a los 87 años, en La Paz, el 27 de agosto de 2001.

III.- **Cómo se relacionaban entre sí, los lideres movimientistas ?**

La descripción de las personalidades más arriba anotadas muestra que cada uno de los cinco, con sendos atributos y defectos, contribuyeron a forjar el objetivo central de la Revolución, la construcción del Estado Nacional, mediante la alianza de clases, la integración plena del indígena a la vida ciudadana y la vertebración del territorio, con la llamada marcha hacia el Oriente.

Lo cierto es que, en mayor o menor medida, a todos ellos los atrapaba una ambición galopante y, como existe una sola silla presidencial, ésta no alcanzaba para asentar cinco posaderas.

Consiguientemente, la relación entre estos era de permanente celo, de mutua desconfianza y de golpes disuasivos abiertos o encubiertos. Walter Guevara Arze solía decir "la única vez en que Víctor Paz Estenssoro y Hernán Siles Zuazo se ponen de acuerdo, es en fregar a Guevara" Irónicamente, me tocó detectar en confidencias separadas, una secreta admiración de unos a otros, aunque sin dejar de lado susceptibilidades y resentimientos acumulados.

Así se dejaron atrás, las batallas solidarias que libraron los fundadores del MNR, para fabricar un líder Víctor Paz Estenssoro en los años 40, cuando un equipo iluminado (José Cuadros Quiroga, Carlos Montenegro, Augusto Céspedes y Armando Arce) redactaban estupendas piezas oratorias que luego Víctor Paz Estenssoro con gran elocuencia recitaba en el parlamento. Las mismas, edulcoradas se reproducían en el vespertino "La Calle", causando grata impresión en la opinión pública. De ese modo, se comenzó a forjar el mito de Víctor Paz Estenssoro .

4.- Consecuencias del exilio

En el recuento del punto 2 nos referimos a las actividades y peripecias sucedidas a cada uno de esos líderes. Personalmente coleccioné varios destierros. El primero y mas duro fue a raíz del golpe de Barrientos, época en la cual (1965-1969) se requería visa para retornar a Bolivia. Una lista negra me impidió hacerlo y me obligó a peregrinar primero en Lima, luego en Costa Rica y finalmente en Nueva York, desde donde volví a La Paz, al día siguiente del accidente fatal en Arque, donde murió carbonizado el general. Después, la segunda vez, (1971- 1979) expulsado por la autocracia banzerista hasta Bruselas y más tarde a Caracas, regresando como diputado al Congreso de 1979. La tercera vez, a raíz del narco-golpe de García Mesa (1981) estuve tres meses asilado en la embajada de Francia, en Obrajes, de donde me evadí, sin papeles, vía Lago Titicaca, hasta Lima y más adelante a Managua. Tuve la suerte, en todos aquellos tramos de ganarme la vida como docente universitario y/o funcionario internacional de Naciones Unidas, UNFPA, WAY y UNESCO, habiéndome jubilado en este último organismo.

5.- ¿Qué significó ser parte activa de la Revolución ?

La satisfacción intima de unir pensamiento y acción. En la primera juventud luchando con armas en la mano, contra un sistema oligárquico-feudal que incendiaba mi espíritu contra la injusticia.

Seguidamente, tener, cuando menos la ilusión de contribuir en la construcción de un país que antes de 1952, era ciertamente una colonia no de potencias extracontinentales, si no de los barones del estaño, que apoyados en un ejercito pretoriano se adueñaron de Bolivia.

Contento especial para mi fue haber tenido la oportunidad de trabajar cercanamente con los adalides de la Revolución y que, pese a la diferencia de edad, me brindaron con su confianza responsabilidades importantes.

Luego, la primordial preocupación fue el fortalecimiento de la democracia y del Estado de derecho, una batalla que continua hasta ahora como tarea inconclusa.

6.- Valores que perduran de la Revolución de 1952

1.- La incorporación del indio a la vida nacional, mediante el derecho a la tierra, el voto universal e impulsar el sentido de auto-estima .

2.- La exaltación de los valores ancestrales frente a la avalancha de la cultura occidental.

3.- La vertebración territorial, con la conquista de Santa Cruz, (y del Oriente todo) para los bolivianos

4.- La diversificación económica que liberó Bolivia del grillete de la monoproducción minera.

5.- El impulso a la agricultura tropical

6.- La reforma educativa, labor inconclusa, de dinámica permanente, bajo el lema "de una educación de castas a una educación de masas"

Bolivia:

LUIS GARCÍA MEZA (1929-2018)

Protagonista del golpe narco-militar del 17 de julio de 1980 que derrocó a la presidenta Lydia Gueiler, gobernó como dictador hasta el 4 de agosto de 1981, periodo en que, aislado por la comunidad internacional, se sostiene en el poder gracias al apoyo del militarismo mandante en Brasil y especialmente Argentina, además del colchón financiero proveniente del narco-tráfico. Condenado por varios cargos criminales en 1993, a 30 años de presidio, sin indulto, fue extraditado desde el Brasil en 1995 y encarcelado en el penal de Chonchocoro, hasta su muerte (por infarto al miocardio) el 29 de abril de 2018, a los 88 años.

A Luis García Meza lo crucé varias veces en nuestras respectivas funciones oficiales. Era un mulato de mediana estatura, fortachón, que como oficial de caballería, caminaba cual, si estuviera cabalgando con sus piernas arqueadas y sus largos brazos que, casi tocando sus rodillas, era la delicia de los caricaturistas, cuando pintaban su simiesca apariencia física, como al gorila con uniforme. La presión castrense forzó a LG a nombrarlo comandante del ejército, dos meses antes del golpe. Mientras el gobierno de LG se concentraba en organizar las elecciones presidenciales del 29 de junio de 1980, Luis García Meza paralelamente, conspiraba la asonada militar. Se dice que cuando el ministro de defensa, intentó disuadirlo en esa aventura, le dijo "eso sería una locura. Ud. no tiene cabeza", a lo que Luis García Meza replicó: "Un militar no necesita cabeza, precisa fuerza"

En esos días, luego de una típica ceremonia militar en la guarnición de Cochabamba, el comandante de ejército, Luis García Meza invitó a la presidenta y a los ministros que la acompañábamos a aquella parrillada en su casa de Calacala. Una vez en la mesa, LG se percató que nuestro anfitrión no probaba bocado alguno y comentó "Y tú, no te sirves nada ?" El general ensayando su sentido del humor, respondió: "No, estoy un poco delicado. Esta mañana me entregaron el resultado de mis exámenes médicos y en todo salgo positivo, todo lo contrario de lo que me pasaba en los exámenes del colegio!".

Después de las sonrisas de reglamento, LG insistió: "Pero por lo menos que te hagan unos huevitos.." y fue el turno revelador de la esposa de Luis García Meza , Olma Cabrera que ironizó : "Créame, señora Presidenta, que en la casa de los militares, no hay huevos!"

Se entremezclaron las miradas silenciosas y al salir, LG me cuchicheo " Estas mujeres son las que incitan a sus maridos..."
A Luis García Meza lo volvimos a ver esta vez, como acusado, en Sucre, el 21 de abril de 1993, durante la lectura de su sentencia en la Corte Suprema de Justicia.

OTROS PRESIDENTES DE BOLIVIA

MILITARES

ALFREDO OVANDO CANDIA (1918-1982)

Mi amistad con el general Alfredo Ovando Candia comenzó cuando como integrantes de la comitiva presidencial de Víctor Paz Estensssoro, viajamos a Washington para la visita de Estado a John F. Kennedy en Octubre de 1963. Entonces Alfredo Ovando Candia era Comandante del Ejército y en el avión de retorno, coincidimos como vecinos de asiento. Recuerdo que Alfredo Ovando Candia interrumpió mi lectura de la novelita de Charles Bailey y Fletcher Knebel titulada *Seven days in May* en la que describían pormenores de un imaginario golpe de Estado, impensable en el imperio. No imaginábamos que el curioso general protagonizaría un putsch que un año más tarde derrocaría a Víctor Paz Estensssoro y lo elevaría al poder por vez primera, por unos días en 1964/1965, luego por meses en 1966 y finalmente mediante el golpe a Luis Adolfo Siles, del 26 de septiembre de 1969 al 6 de Octubre de 1970. Fue precisamente en esa fecha cuando me encontraba como catedrático en el *Briarcliff College* de Nueva York, dictando un curso sobre *Latinamerican politics and government: the Che Guevara experience* que una estudiante me anunció el súbito cambio de gobierno en Bolivia. Se trataba del mandato de las Fuerzas Armadas que en 18 postulados programáticos proclamaba la implantación de un nuevo orden nacionalista y popular. Bajo el alero de Alfredo Ovando Candia , componían el gabinete un ramillete de amigos míos, todos jóvenes, todos brillantes como Marcelo Quiroga Santa Cruz, Mariano Baptista Gumucio, José Ortiz Mercado, Oscar Bonifaz, Eduardo Quintanilla y otros. No tardó en timbrar el teléfono convocando a unirme a esa constelación. Luego de la clausura del año académico, lie maletas y retorné a La Paz. Fue cuando Alfredo Ovando Candia , apenas consolable por la pérdida accidental de su hijo Marcelo, ocurrida unos días antes, me invitó al puesto de Ministro de Información y Deportes- portavoz del gobierno. Me embarqué con marcado entusiasmo en ese encargo que tenía varios temas espinosos como tener al prisionero de guerra Regis

Debray en Camiri por quien la prensa francesa reclamaba constantemente, la irrupción del brote guerrillero en Teoponte y el asedio imperial por la nacionalización de la Bolivian Gulf Oil Company.

Pero más preocupante era la permanente agitación conspirativa del sector reaccionario del ejercito que culminó con el golpe y contra-golpe del 6 de Octubre de 1970 que catapultó al general Juan José Torres a reemplazar al general Ovando en el Palacio Quemado.

Alfredo Ovando Candia que había perdido la voluntad de luchar por el poder, encargó a Mariano Baptista redactar su renuncia y a mí de darla a conocer al pueblo de Bolivia. En esa misma madrugada Alfredo Ovando Candia se asiló en la embajada argentina, donde permaneció un par de días. Mas adelante Alfredo Ovando Candia aceptaba – en exilio dorado- la embajada en Madrid, desde allí me visitaba en Bruselas y además continuó nuestra amistad epistolar mediante sus cartas pulcramente manuscritas que contenían sus preocupaciones nacionalistas y deseos de recuperación del poder para ligarlo a la corriente militar "neo-nasserista" entonces seguida por Juan Velasco Alvarado en el Perú, Omar Torrijos en Panamá y otros parecidos. Eran los años setenta que también albergaban a Juan Domingo Perón en su casa madrileña de Puerta de Hierro, vecina al apartamento de Alfredo Ovando Candia :

Alfredo Ovando Candia , según su biógrafo oficial Edgar Oblitas Poblete, era…..*hombre de regular estatura, delgado, parsimonioso en el andar, de tez pálida. Prematuramente envejecido, una ligera calvicie avanza por la frente. El gris de sus cabellos denuncia sus preocupaciones. De rostro delgado y cejas espesas, algunos pliegues surcan la frente y el rostro. La nariz ligeramente aguileña y los labios delgados. Un bigote pequeño pero desafiante adorna ese rostro…los ojos claros, ligeramente verdosos y de mirada profunda..",*

Alfredo Ovando Candia , fumador empedernido, cuando no jugaba a las cartas (su pasión predilecta) se sobaba con la mano izquierda el vientre bajo, en pose napoleoniana, para mitigar los incomodos dolores ulcerosos que lo consumían. Con esa salud que nunca fue buena, murió en La Paz, a los 63 años el 24 de enero de 1982.

RENÉ BARRIENTOS ORTUÑO (1919 – 1969)

Al igual que su predecesor Alfredo Ovando Candia , ocupó intermitentemente la presidencia, hasta su muerte, desde el golpe contra Víctor Paz Estenssoro , el 4 de noviembre de 1964, del cual fue principal protagonista aupado por el coronel Fox, agregado militar americano y operador del Pentágono en esa acción contraria a la percepción del Departamento de Estado que apoyaba la reelección de Víctor Paz Estenssoro en la presidencia. Con René Barrientos Ortuño me unía una amistad laboral y personal. Laboral porque como director de ceremonial de la Presidencia de la República debía coordinar con René Barrientos Ortuño los desplazamientos aéreos del presidente Víctor Paz Estenssoro en el territorio nacional. En efecto, René Barrientos Ortuño era el piloto personal harto apreciado y valorado por el Jefe. Y, personal, porque desarrollamos aquel vinculo de mutua simpatía, en aquellos múltiples viajes que incluían veladas parranderas apenas Víctor Paz Estenssoro se recogía a su alcoba. Cuando René Barrientos Ortuño, ascendió vertiginosamente a Comandante de la Fuerza Aérea y luego en la arena política a Vicepresidente de la República elegido en tándem con Víctor Paz Estenssoro , en esos mismos comicios gané la diputación por Potosí, acumulando además la jefatura nacional de la Juventud del MNR. Alguna vez René Barrientos Ortuño me insinúo que sus aspiraciones aún no estaban colmadas y yo tuve la imprudencia de disuadirlo en seco, aduciendo con amigable sinceridad su falta de nivel de estadista. Grave error. Ese fatídico 4 de noviembre de 1964, me encontraba en Madrid, almorzando con el embajador Alfonso Gumucio Reyes, a los postres, el noticiero televisivo mostraba la imagen de Víctor Paz Estenssoro, con este comentario" y esta es la primera foto del mandatario depuesto a su llegada al aeropuerto de Lima". Quedamos estupefactos y esa misma noche tomé el avión de retorno, vía Lima. Llegué el día 6 en la madrugada y de inmediato fui a visitar a Víctor Paz Estenssoro , en el 410 Malecón de la Marina, en el barrio de Miraflores. Al tocar el timbre, el mismo me abrió la puerta y nos confundimos en un abrazo con aire de funeral. En esa época, se requería visa de regreso para entrar a Bolivia, entonces, más tarde acudí al Consulado, donde me negaron la visa, por encontrarse mi nombre en la "lista negra". Recordando mi amistad con el nuevo presidente, acudí a mi primo "Cateto" Carrasco, mayor de aviación y cercano a René Barrientos Ortuño.

La respuesta presidencial fue inmediata "Que se quede allí, en la embajada como Consejero" al declinar semejante trampa, nuevamente llamé a "Cateto" y este asustado me transmitió verbatim "Su Excelencia dice: que entonces, te vayas a la mierda".

René Barrientos Ortuño continuaba dolido por mi falta de fe en su ambición política. Fue así como estuve obligado a un exilio que duró cinco años, hasta que René Barrientos Ortuño murió quemado en su helicóptero, en Arque, el 27 de abril de 1969, un mes antes de cumplir los 50 años.

En Lima, el tiempo sobró para analizar con Víctor Paz Estenssoro las razones para la caída del MNR, que truncaba el proceso de la Revolución Nacional después de doce años y ocho meses, periodo en que creímos en la bondad de nuestro propio discurso. Víctor Paz Estenssoro rumiaba "todos sabemos que los gringos son unos cerdos y el coronel Fox (Edward) apoyaba decididamente a Barrientos. El pobre Henderson (Douglas, embajador) poco podía hacer. Esta vez el Pentágono se impuso…"

René Barrientos Ortuño nacido en Tarata, Cochabamba, dominaba el idioma quechua, con alto grado de elocuencia, lo que le valió gran influencia entre el campesinado del valle. Mas alto que bajo, complexión atlética y fortaleza física. Coraje reconocido, tenía facilidad de seducción entre las mujeres. En efecto, dejó dos viudas y una cincuentena de hijos entre propios, naturales y adoptados. Macho entre los machos, añadió en su currículo ser el matador del Che Guevara.

HUGO BANZER SUAREZ (1926-2002)

La primera, única y última vez que encontré al general Hugo Banzer Suarez fue durante el famoso empantanamiento para la elección, vía parlamentaria, del presidente de la República en el Congreso de 1979, cuando la democracia era restaurada después de largos años de gobiernos militares. En mi condición de jefe del MNRI 1 mi fracción partidaria tenía solo 12 votos (11 diputados y 1 senador) sin embargo bajo las apretadas circunstancias, esos votos valían oro. En esa atmosfera, mi primo Natalio Fernández, me invitó a una reunión social en casa de Guillermo Fortún, para dialogar acerca de salidas al entuerto congresal. Grande fue mi sorpresa de ver entre los convivios la pequeña silueta del general Banzer, rodeado de sus feligreses.

Pronto, el encuentro se hizo inevitable y luego de las presentaciones de rigor, se produjo el siguiente dialogo:

Hugo Banzer Suarez : Gran placer de conocerlo, Dr. Carrasco, ya me habían hablado muy bien de usted nuestros comunes amigos...

Carlos Antonio Carrasco: Ese placer lo habría usted tenido mucho antes, pero me mantuvo exiliado durante 7 años...

Hugo Banzer Suarez: Uno no puede controlar todo Dr. Pero no se queje pues usted hizo una brillante carrera en el exterior...

Carlos Antonio Carrasco: Evidentemente, general, pero hubiera querido forjar una carrera aquí...

Pese a la extrema cortesía de Hugo Banzer Suarez, para mí era insuperable mi sentimiento negativo hacia el dictador (1971-1978) reconvertido en demócrata y la conversación se disipó en nimiedades hasta mi temprano retiro de la recepción, con excusas para los simpáticos anfitriones.

Hugo Banzer Suarez, cruceño, con su menguada estatura, bigotillo chaplinesco y ademanes coreográficos, era un oficial castrense genuinamente cortés y galante, se expresaba en correcto castellano y articulaba sus ideas con prontitud y oportunidad. Sus seguidores le rendían pleitesía obteniendo de él, gestos de bendición emanados de sus cortos brazos.

El partido banzerista terminó absteniéndose con sus 19 votos en la elección y el empantanamiento entre Paz Estenssoro y Siles Zuazo siguió hasta la salomónica elección del presidente del Senado, Walter Guevara Arze.

HBS fue finalmente elegido presidente constitucional el 6 de agosto de 1997 pero el 5 de mayo del 2002, a sus 76 años, sucumbió en Santa Cruz, víctima de un cáncer al hígado.

Lo sucedió en el solio presidencial Jorge "Tuto" Quiroga Ramírez.

JUAN PEREDA ASBÚN (1931-2012)

El viernes 21 de julio de 1978, el general de aviación Juan Pereda Asbún en golpe incruento tomó la presidencia de la República, con la promesa de convocar a elecciones libres, luego que su reciente victoria electoral había sido anulada por Banzer. Estando radicado en Caracas, por motivos personales, viaje a La Paz y me llamó la atención que me invitara a conversar un antiguo compañero del Colegio La Salle de Cochabamba, que entonces comandaba el Colegio Militar, era el Cnel. Faustino "Tinino" Rico Toro. Naturalmente, en conocimiento de mi proximidad con Hernán Siles Zuazo (HSZ) , después del análisis de la coyuntura nacional me propuso organizar una charla privada con el presidente. Esa misma tarde fui recibido cordialmente por Juan Pereda Asbún quien explicando razones imperativas me solicitó convencer a HSZ para llegar a un acuerdo que le permitiese gobernar sin problemas "máximo un año "para luego democratizar el país, mediante elecciones realmente libres. Al efecto, ofrecía completa garantía a HSZ para su retorno a Bolivia. Me confió un número telefónico directo para transmitirle la respuesta, recalcando la importancia que tendría mi gestión en la pacificación nacional.

La misma noche de mi retorno a casa en Caracas, con Siles a mi lado, llamé a Pereda y al darle una respuesta, en principio afirmativa, el general-presidente sugirió la llegada discreta de Siles y una entrevista confidencial entre ambos en la residencia particular de algún amigo común.

Mi gestión terminó allí y según me relató después HSZ, el acuerdo no prosperó porque Pereda había regateado su inicial proposición a quedarse dos años en el poder...razón demás para que HSZ aprovechara las garantías y acelerara contactos con el sector constitucionalista del ejercito para estimular el golpe que el viernes 24 de noviembre de 1978, llevó a la presidencia al general David Padilla Arancibia.

Juan Pereda Asbún era un gallardo buen mozo, alto, blanco de piel, cabellos rubios ondulados, de ascendencia hispana y árabe, nacido en La Paz, pero avecindado en Santa Cruz, donde en el ocaso de su vida fue acusado de atentar públicamente contra el pudor, al exhibir sus partes pudendas a un grupo de colegialas y de ser portador de sustancias controladas para su consumo personal. Declarado toxicómano (1970), paciendo un cáncer terminal, murió a los 81 años, el 24 de noviembre de 2012.

JUAN JOSE TÓRRES (1920-1976)

Cuando en la madrugada del 6 de Octubre de 1970, en nombre del general Alfredo Ovando Candia como Ministro de Información, terminé de leer su renuncia a la Presidencia, estaba exhausto y me recogí a descansar por precaución a una casa de seguridad, donde repasé las últimas 24 horas tan agitadas de la política nacional.

El domingo 4 de octubre, el general Rogelio "Chejta" Miranda, comandante del ejército se levantó en armas, mientras Alfredo Ovando Candia se encontraba en Santa Cruz, en aparente complicidad con otras unidades militares y hasta con el ministro del interior, Cnel. Juan Ayoroa. De inmediato, junto a algunos colegas de Gabinete, nos trasladamos a la Base Aérea de El Alto, y desde allí, en comunicación con Alfredo Ovando Candia , lo animamos a que volviera de urgencia a La Paz, puesto que la situación era aún fluida. Horas más tarde descendimos con Alfredo Ovando Candia hacia el Palacio Quemado, con un presidente revigorizado y decidido a retomar control del poder. Una muchedumbre reunida en la Plaza Murillo aclamó a Alfredo Ovando Candia , quien desde un balcón denunció el golpe y destituyó a Miranda. Mientras tanto otros jefes militares, que, sin ser leales a Ovando, al defenderlo, lo hacían velando por sus propios intereses (ascensos, destinos, viajes y golosinas varias) se reunían para pescar en rio revuelto. Entre ellos, Juan José Torres quien días antes había retornado de Lusaka, Zambia, donde asistió a la Conferencia de Países No alineados (8-16 de septiembre de 1970) pero que no tenía, en ese momento mando militar alguno. Alrededor de las ocho de la noche, nos reunimos en sesión de gabinete en la casa de Alfredo Ovando Candia , situada en la avenida 20 de Octubre, a la cual no asistieron los ministros comprometidos en la conspiración.

La reunión fue presidida al comienzo por AOC quien escucho de varias bocas el estado de la situación y cuando ese coro polifónico se tornó repetitivo, abandonó la sala y se trasladó a su dormitorio, no sin antes aceptar la sugerencia de invitar al dialogo al general JJT. La llegada de Torres despertó cierta esperanza que se disipó entre los presentes al constatar que un militar sin mando es como cuchillo que no corta. No tiene utilidad alguna. Consciente de esta verdad, Torres pidió a AOC su nombramiento como ministro de Defensa, pero el presidente, desconfiado, ignoró su solicitud. De cuando en cuando, yo abandonaba la reunión para acudir a la alcoba presidencial y pasar a AOC alguna noticia relevante. Entonces, pude percibir que el stress le provocaba fuertes dolores intestinales y que el presidente vestido aún de estricto luto (por la muerte de su hijo Marcelo) había optado por recostarse en su cama. Cerca de su cabecera, su cumplido edecán Bismark Ortiz, atendía los incesantes llamados telefónicos. Uno de ellos provino del Cnel. Heberto Olmos, comandante del Grupo Aéreo de Caza (GAC) que pedía autorización para bombardear el cuartel general de Miraflores para sofocar a los insurrectos. AOC negó la venia solicitada y nos dijo: "Cómo pues, hijos, destruir lo que yo mismo he construido con tanto sacrificio.."

Un recuento de las guarniciones alzadas mostraba mayoría para el golpista Miranda. Acto seguido, AOC encargó al ministro Mariano Baptista redactar su dimisión y una vez firmada me la entregó, diciendo: "Carlitos, dela a conocer cuando le parezca oportuno.."

Cuando volví a la reunión de gabinete noté que se debatían ardorosamente opiniones sobre defensa estratégica. Pedí la palabra y expresé textualmente: "Disculpen la interrupción, pero les ruego que consideren un elemento de información importante: el general Ovando acaba de renunciar y ha abandonado esta residencia..." No pude concluir mi alocución. Unos presas de pánico y otros con urgencias estomacales, abandonaron la sala en tropel. En la puerta principal, el general Torres convocó a todos los presentes a unírsele en El Alto, en la base aérea que seguía siendo leal. "Además, dijo, si falla la resistencia, estaremos a media hora de vuelo de Arica.."

En la tarde, un triunvirato compuesto de jefes de las tres armas juró a la presidencia y duró solo pocas horas.

El siete de octubre, La Paz amaneció con una enorme manifestación popular que esperaba el descenso desde El Alto de Juan José Torres quien, a medio día juró ante las masas, desde los balcones del histórico Palacio, asumir la presidencia de la República, en representación del pueblo que había aplastado con su presencia, el golpe fascista.

JJT natural de Cochabamba, era bajo de estatura, literalmente no tenía dos dedos de frente, sus espesas cejas casi se unían a su copioso patrimonio capilar, un negro bigote poblaba su labio superior y cuando hablaba tenía la tendencia a mantener la boca abierta, esperando la reacción de su interlocutor. La pasantía por el Ministerio del Trabajo (1966) motivó su sensibilidad social hacia la clase obrera. Su gobierno de nueve meses se balanceó entre amagos de golpe derechista y carnavales cripto-comunistas como aquel remedo de soviet, bautizado la "Asamblea del Pueblo". Un experimento desastroso que culminó con el golpe del 21 de agosto de 1971, protagonizado por el coronel Hugo Banzer Suarez (HBS) en contubernio con el MNR histórico y la Falange Socialista Boliviana (FSB) origen de la feroz dictadura de HBS. Ese arreglo partidario precipitó la fronda movimientista de izquierda (MNRI) encabezada por Hernán Siles Zuazo, a la cual uní mis esfuerzos personales.

La irrupción de Banzer en la presidencia significó el inmediato exilio de JJT en peregrinaje por varios países, para finalmente instalarse en la Argentina, donde frecuentó algunos grupos subversivos, durante el auge de las dictaduras en el Cono Sur. Esa impertinencia fue -quizá- el motivo de su asesinato en San Andrés de Gilles, el 2 de junio de 1976, a sus 56 años.

Presidentes civiles:

JORGE QUIROGA RAMIREZ (1960……)

A la muerte del general Hugo Banzer Suarez (HBS), le sucedió en la presidencia de la República, el vice-presidente en funciones, Jorge "Tuto" Quiroga Ramírez, el 7 de agosto de 2001, por un año completo, hasta el 6 de agosto de 2002, cuando transmitió el mando a Gonzalo Sánchez de Lozada (GSL). Joven ingeniero industrial formado en Texas, USA, fue escogido por HBS para integrar el binomio en las elecciones de 2001. Aunque seguí de cerca su ascenso político, pocas veces me crucé con JQR, entre ellas cuando en 2006 llegó a Ottawa a dictar una conferencia, en días anteriores al final de mi misión como embajador. Años más tarde también nos vimos en La Haya, en ocasión del pleito por la cuestión marítima que se ventilaba ante la Corte Internacional de Justicia. JQR, alto, complexión corporal deportiva, es reconocido andinista que gusta de las cumbres tanto orográficas como políticas. Buen orador y polemista, asiduo candidato presidencial, hoy en la oposición ostenta coraje y por su edad (61 años) tiene aún buen camino a recorrer llevando a cuestas su bagaje ideológico notoriamente conservador.

Condimentaré esta crónica con una risueña anécdota que me contó mi amiga, la condesa Albina de Boisrouvray (nieta del magnate minero Simon I. Patiño) . De intelecto inquieto, Albina asistió al Foro Mundial de Davos, en febrero del 2000 y por casualidad, en una cena, la ubicaron al lado de " Tuto" entonces vicepresidente de Bolivia, quien al identificar a su vecina, le dijo "Pensar que mi abuelo, escribía contra Patiño y, ahora yo sentado al lado de su nieta" a lo cual ella rápidamente respondió: "Y pensar que yo siempre combatí a las dictaduras y ahora estoy sentada junto al vicepresidente de Banzer!"

JAIME PAZ ZAMORA (1939.....)

En el interregno entre una y otra elección de 1978, Caracas se convirtió en agitada plaza de la política boliviana. En ese ajetreo, me complació conocer a Jaime Paz Zamora en aquella noche de música y tragos en casa del mirista René Recacoechea. Tuve grata impresión de Jaime Paz Zamora quien tomaba la guitarra sin invitación previa y tarareaba cuecas tarijeñas con la gracia que le daba su fina estampa y agradable simpatía. Aunque conversamos poco, del abanico de frescos aspirantes al liderazgo de la nueva izquierda, me pareció el más adecuado exponente para lanzarlo al ruedo de la política criolla: carismático estilo Barrientos, seductor nato en el sector femenino, astucia indisimulada, ética frailuna y genuina inclinación al carnaval de la política nacional: ávido de coca, pisco y mixtura. Le transmití mi impresión a Siles Zuazo y ante su pregunta: "Cree usted que sería el mejor candidato para la vicepresidencia ?" le respondí rotundamente por la afirmativa. En la justa electoral de 1979, se impuso el binomio Siles Zuazo-Paz Zamora, pero el balotaje congresal "empantanó" el resultado. Aquel entonces con Jaime Paz Zamora hicimos tenaz campaña en Cochabamba, donde yo postulaba para primer diputado en la lista de la Unión Democrática y Popular (Unión Democrática y Popular).

Finalmente, con el retorno a la democracia, el 10 de octubre de 1982, Jaime Paz Zamora¨fue Vicepresidente y 7 años después, en los subsiguientes comicios, juraba como Presidente el 6 de agosto de 1989 para transmitirlo democráticamente a GSL, después de cuatro años de laboriosa gestión. Desde esas épocas bravas mantuvimos buena amistad y dialogo tanto en Bolivia, como en encuentros internacionales en Lisboa y en la UNESCO en Paris, como también en la trinchera de lucha contra la dictadura de García Meza.

Jaime Paz Zamora , sólido de carnes, amplias espaldas y sonrisa amena, conserva el carisma, pese a las marcas que dejó en su rostro, el fuego del avión incendiado en aquel atentado en contra suya. Jaime Paz Zamora, con 82 años, vive la tranquilidad del retiro en su hacienda tarijeña de "El Picacho" donde lo visité en 2008 junto a su ex ministro de Educación, Mariano Baptista. Jaime Paz Zamora ha construido ese refugio en lo alto de una colina arboleada que tiene como centinela al rio Guadalquivir que lava sus simas con suave murmullo. En la casa de paredes y techos rojos coloniales animamos una gratísima tertulia, salpicada de recuerdos y anécdotas de los buenos tiempos y de otros, no tan buenos.

GONZALO SÁNCHEZ DE LOZADA (1930...)

Fue en 1958, cuando junto a Mariano Baptista Gumucio, ambos secretarios de la embajada en Londres, invitamos a cenar a Gonzalo Sánchez de Lozada "Goni" que llegó -entre otras cosas- para visitar al embajador Paz Estenssoro. Allí lo conocí y distinguí su singular sentido del humor, al comentarle a Víctor Paz Estenssoro mi impresión, me dijo "Se parece mucho a su padre, pero ojalá sea más activo que él"

Mi amistad con Gonzalo Sánchez de Lozada se extendió desde entonces y se fortificó cuando paralelamente a sus actividades de prospección minera, decidió ingresar a la arena política. Ante la apertura democrática, en las elecciones de 1979, ambos postulamos a una diputación por Cochabamba, Gonzalo Sánchez de Lozada en el puesto 5 por el MNR y yo encabezando la fórmula de la Unión Democrática y Popular . Otro competidor de nota fue Marcelo Quiroga Santa Cruz, por el Partido Socialista. Los tres llegamos a aquel parlamento que se "empantanó" en el combate presidencial entre Víctor Paz Estenssoro y Hernán Siles Zuazo.

Durante el periodo presidencial de Víctor Paz Estenssoro , en 1986, Goni fue nombrado Ministro de Planificación y en tal carácter dirigió la misión boliviana acreditada ante la reunión del Consejo Consultivo del Banco Mundial convocada en Paris. A la sazón yo era director para América Latina y el Caribe de la UNESCO, condición que me permitió participar como observador.

La última noche, ofrecí en la suntuosa casa de mi amiga siria una cena en honor de los ilustres participantes. Fue una velada realmente agradable donde se batieron en esgrima de humor y de talento el ministro visitante y mi ocurrente amigo Augusto "Chueco" Céspedes. Como a la mañana siguiente Goni debía salir de viaje, lo llamé al Hotel Plaza Athenée para despedirme y....cual no fue mi sorpresa al enterarme que había salido a las cinco de la madrugada y de mucha urgencia al Hospital Americano, presa de un ataque estomacal. Un cargo de consciencia me impulsó a acudir de inmediato a socorrer al amigo, victima, quizá de los condimentos musulmanes. Con horror me enteré de que esa mañana ya había sido operado presumiblemente de peritonitis y que reposaba en compañía de Ximena, su encantadora esposa.

A los dos días los médicos decretaron una segunda operación. Goni, con estoica resignación se nos despidió e ingresó al quirófano, con pronostico pesimista. Al cabo de cuatro horas de retorno a su habitación, deliraba, mientras Víctor Paz Estenssoro por teléfono desde La Paz, señalaba su inquietud. La convalecencia fue relativamente rápida y, en años posteriores, recordando esos dramáticos momentos, Goni con su habitual ironía comentaba: "La verdad es que me enfermé de envidia al ver a Carlos con una novia tan linda y que sabía cocinar tan bien...! "

Llegado a su término el mandato de Víctor Paz Estenssoro , Goni fue el candidato casi natural del MNR y salió primer ganador en los comicios de 1989, pero sin obtener la mayoría la decisión congresal ungió a Jaime Paz Zamora en la presidencia. Perseverante, Goni en 1993 triunfó y tomó el mando hasta 1997, llevando a cabo un programa de gobierno imaginativo y realista dentro las circunstancias mundiales de la época.

Nombrado embajador en Francia y delegado permanente ante la UNESCO, era cerca de medianoche, cuando el edecán de servicio me llamó desde Palacio, para convocarme a reunirme con el Presidente. Tomamos asiento en la mesa de trabajo de su amplio despacho, recientemente remodelado.

Me indujo a ofrecerle una profunda descripción de la situación política del momento, prevaleciente en Francia incluyendo un retrato hablado del Presidente Mitterrand. Interesado en las próximas elecciones presidenciales, le vaticiné el triunfo del candidato neo-gaullista Jacques Chirac. Esa posibilidad sería una gran ventaja para Bolivia, concluí, "porque lo conozco desde hace diez años" Cuando el reloj marcaba las dos de la mañana, lo acompañé hasta su automóvil y al abordarlo me lanzó una de sus acostumbradas bromas " Ah ...y una cosa. Tienes que casarte, porque embajador en Paris y soltero....te van a creer maricón !"

El 6 de agosto de 2002, por segunda vez, Goni juraba como presidente y habiéndome reincorporado como funcionario de carrera a la Cancillería, el 7 de abril de 2003, Goni me requirió en Palacio y me dijo " Te he hecho llamar para pedirte un favor personal. Tú sabes que estamos organizando la Cumbre Iberoamericana que tendrá lugar en Noviembre, en Santa Cruz. Es una tarea muy compleja que requiere además de protocolo, instinto político. Por eso he pensado que tú podrías asumir esa responsabilidad y que seas el nuevo Director General de Ceremonial del Estado. Te prometo que después de la Cumbre, saldrás como corresponde a tu rango, a una embajada.." Al notarme dubitativo, Goni añadió, "además, ya sabes que it's better to be in than out !"

El 2003 fue un año poco grato para Goni, por la constante convulsión social bajo pretextos baladíes que provocó finalmente aquel desenlace trágico con víctimas fatales durante las inevitables represiones policiales.

El 17 de Octubre de 2003, Goni dimitía y partía al exilio, dejando que el Congreso, ratifique en el mando, por sucesión constitucional a su vice-presidente Carlos D. Mesa Gisbert, quien juró al cargo esa misma noche.

Penoso final para alguien que como Goni había sido siempre un winner (triunfador). Titular de portentoso talento, físicamente agraciado, auto-estima sublimada, con cuantiosa fortuna en su faltriquera personal, matrimonio feliz con aquella ex Miss Bolivia, victorioso en tres lides electorales, realizó -además- la hazaña de ganar el sufragio universal, pese al acento gringo de su español, en un país saturado de demagogia antiimperialista, pobre y escasamente educado. Goni era la antítesis del boliviano común.

Goni, a sus 91 años, desde 2003 vive desterrado en Washington, junto a sus familiares quienes lo rodean con el cariño correspondiente.

Gonzalo Sánchez de Lozada

CARLOS D. MESA GISBERT (1953....)

Cotidiano espectador de su difundido programa televisivo De Cerca con esas inigualables entrevistas a personalidades varias, me parece haber conocido desde siempre a Carlos D. Mesa Gisbert con quien mantengo cálida amistad, admirando su clara inteligencia, el perfecto concierto de la lengua española, la vasta cultura que se expande en una decena de obras de su autoría y la imbatible habilidad que posee cuando polemiza con el contrario.

Batí palmas cuando brincó de la confortable poltrona de periodista e historiador al ruedo de la política como complemento vicepresidencial del tándem ganador en las elecciones del 2002, porque antes, en la primavera de 1996 cuando la FIFA había suprimido a La Paz (por causa de la altura) como sede de las eliminatorias para la Copa del Mundo, el gobierno me encargó lograr el apoyo de Francia, donde estaba acreditado como embajador, en las gestiones para revertir aquella ingrata medida. Entonces, Carlos D. Mesa Gisbert entusiasta aficionado del futbol, acopió importante material para el trámite y nos encontramos en Zurich aquel 31 de mayo en que el Consejo Ejecutivo de la FIFA votó en favor de Bolivia: repique de campanas en La Paz y jolgorio en el Estadio. Un éxito diplomático del que Carlos D. Mesa Gisbert fue excepcional testigo.

La gestión de Carlos D. Mesa Gisbert como vicepresidente culminó con la dramática dimisión de Goni y su marcha al exilio el 17 de Octubre de 2003, hostigado por movimientos sociales que respondían a incitaciones inconfesables. Esa noche, fui llamado al Congreso, para organizar el protocolo de rigor que luego de la aceptación de la renuncia de Goni, proceda al juramento de Carlos D. Mesa Gisbert como nuevo presidente constitucional. Una votación nominal permitió justificar las posiciones respectivas que dejaron un resultado elocuente: 97 votos por la aceptación y 30 por el rechazo.

A las 10.30 pm Carlos D. Mesa Gisbert ingresó al Congreso, por el portón principal con traje azul oscuro y visiblemente emocionado. Prestado el juramento como Presidente Constitucional, Carlos D. Mesa Gisbert improvisó un lúcido y vibrante discurso llamando a la concordia nacional y prometiendo atención a las demandas populares. Momentos más tarde, ya en el despacho presidencial, Carlos D. Mesa Gisbert me pidió convocar a los dos mediadores internacionales (de Argentina y Brasil) que habían llegado al país como facilitadores frente a los incontrolables conflictos de esos días.

Ambos ofrecieron la cooperación de sus gobiernos y se marcharon, dejando al nuevo presidente en la difícil tarea de conformar su gabinete.

La primera tarea de Carlos D. Mesa Gisbert en el plano internacional fue oficiar de anfitrión de la XII Cumbre Iberoamericana de Jefes de Estado y de Gobierno que se efectúo en Santa Cruz del 15 al 17 de noviembre de 2003, a la que asistieron 23 países, además del secretario general de Naciones Unidas y otros directores de agencias intergubernamentales. La realización de ese evento que estuvo bajo mi responsabilidad alcanzó éxito notable y permitió a Carlos D. Mesa Gisbert un bautizo promisorio en el mundo diplomático.

Un par de meses después, fui destinado como embajador en Canadá, desde donde seguí la evolución de los desvelos políticos para alcanzar la ansiada paz social que sin lograrse precipitó el 9 de junio de 2005, la renuncia de Carlos D. Mesa Gisbert y el ascenso de Eduardo Rodríguez Veltzé presidente de la Corte Suprema de Justicia a la primera magistratura de la Nación.

En la demanda marítima que planteó Bolivia contra Chile ante la Corte Internacional de Justicia, Carlos D. Mesa Gisbert fue nombrado el 28 de abril de 2014, por el presidente Evo Morales, como vocero oficial, tarea que lo llevó frecuentemente a La Haya, donde tuvimos la ocasión de intercambiar opiniones sobre este complicado tema, puesto que yo cubría para La Razón de La Paz crónicas sobre el desarrollo del pleito.

Carlos D. Mesa Gisbert , después que dejó la vocería en Octubre de 2018, entró de lleno en la lucha política, postulando su candidatura presidencial en los comicios de 2019 y de 2020, acarreando en ambas oportunidades importante caudal de apoyo, siendo hoy, en 2021 el jefe de la oposición al gobierno del MAS.

A sus 68 años, Carlos D. Mesa Gisbert , paceño, de elevada estatura, tiene el cabello encanecido y blanca la barba, usa lentes por la miopía y mantiene agilidad corporal tan necesaria en las campañas proselitistas, es abstemio total, historiador laureado y voraz lector.

EDUARDO RODRIGUEZ VELTZÉ (1956....)

Ante la renuncia de Carlos D. Mesa Gisbert (CMG) asumió la presidencia de la República, el titular de la Corte Suprema de Justicia, abogado Eduardo Rodríguez Veltzé, cochabambino de ancestro austriaco, desde el 9 de junio de 2005 hasta el 22 de enero de 2006, fecha en que entregó el mando a Evo Morales Ayma elegido por voto popular.

Habiendo sido ratificado en mi puesto de embajador en Canadá, continué en esas funciones durante el interregno de Eduardo Rodríguez Veltzé, hasta la asunción del nuevo gobierno. Convocado por la Cancillería, tuve la ocasión de conocer a Eduardo Rodríguez Veltzé en la recepción que ofreció en el Palacio Quemado en honor de las delegaciones acreditadas para la trasmisión presidencial. Fueron días de inusual movimiento por el drástico giro en la élite dirigente del país.

Cuando Bolivia decidió demandar a Chile por la salida al mar ante la Corte Internacional de Justicia (CIJ), el presidente Evo Morales tuvo el acierto de nombrar el 3 de abril del 2003, como agente ante la CIJ a Eduardo Rodríguez Veltzé, notable jurisconsulto, perfectamente bilingüe con el inglés (idioma oficial de la CIJ) quien además acumularía el cargo de embajador ante el reino de Holanda. Tanto como corresponsal de *La Razón* y profesor de Relaciones Internacionales en Paris, visité frecuentemente La Haya, alternando información y cambiando opiniones con Eduardo Rodríguez Veltzé sobre el pleito contra Chile, considerado de alta prioridad patriótica. Eduardo Rodríguez Veltzé asesorado por un equipo de calificados abogados especializados en litigios ante la CIJ, cumplió a cabalidad su misión tan difícil de armonizar con criterios dispares en el fondo como en la estrategia procedimental. Desde Paris conservé una fluida comunicación con Eduardo Rodríguez Veltzé y estuve al corriente de sus esfuerzos, a veces constreñidos por afanes de política menuda y de figuración en la ribera boliviana.

Eduardo Rodríguez Veltzé, a sus 65 años, reside en La Paz.

EVO MORALES AYMA (1959.....)

Para rememorar la primera vez que vi a Evo Morales Ayma, debo necesariamente referirme a Danielle Mitterrand, viuda del egregio presidente francés, porque cuando me llamó para informarme que viajaría a Bolivia para asistir a las ceremonias conmemorativas del trigésimo aniversario de la ejecución de Che Guevara (8 de Octubre de 1967) apresuré mi retorno al país, por cuanto días antes había renunciado a la embajada. Entre mesas redondas, talleres y peregrinajes a *La Higuera* la víspera del gran día, tuvo lugar un concierto musical de cantautores nacionales y regionales en el estadio de Vallegrande. Mientras el proscenio era el único lugar iluminado por reflectores, todos los contornos estaban oscuros. En la puerta de entrada, mi amigo Oswaldo "Chato" Peredo, me presentó a Evo cuando hacía su ingreso. El dirigente al escuchar mi nombre dijo " Ah, el embajador !" Alto (1.75 cms), fornido, complexión amerindia, copiosa cabellera negra, sonrisa fácil, mi primera impresión fue – francamente- de simpatía al estrechar la mano del futuro presidente de Bolivia.

Cuando en las elecciones del 18 de diciembre del 2005, esa masa ciudadana de 1.544.374 con sus votos confió el destino del país a Evo, decretó el fin de reino de un sistema con la esperanza de instaurar otro más incluyente, menos discriminador y respetuoso de los derechos humanos. Consciente de aquel giro histórico, me complació que la Cancillería me convoque para colaborar en la preparación de los actos ceremoniales de la transmisión presidencial. Oportunidad gratamente apreciada, porque en mi vida pública he sido muchas veces testigo de ascensos vertiginosos a la primera magistratura, mediante golpes de Estado, revoluciones o simplemente elecciones directas o congresales. Solamente en dos ocasiones tuve la sensación de detectar motivaciones altruistas para cambiar sustancialmente el orden de cosas: el 15 de abril de 1952 cuando Víctor Paz Estenssoro asumió la presidencia, después de tres días de combate y el 21 de enero de 2006, durante la ceremonia de juramentación aymara de Evo Morales en las ruinas del templete de Acapana. Había llegado el *jacha uhru* o sea "el gran día"

La ceremonia solemnizada por sacerdotes aymaras, el eco lúgubre de los *pututus* y el cerco de miles de indios fastuosamente ataviados, era un espectáculo impresionante. Un diplomático allí presente (y de buena memoria) me susurró al oído "debe usted estar contento, no es lo que proponía en su libro ?" Se refería a *Pueblos sin voz* que salió a la luz, en 1994, en el cual apoyaba el derecho de los pueblos a luchar por la preservación de su propia identidad cultural y, en base a varias premisas, advertía que " las consideraciones expuestas nos llevan a constatar la fragilidad de los Estados multiculturales. La fuerza de las naciones o pueblos sujetos a la dominación puede convertirse en el detonante de la dislocación de la estructura del Estado..." Hoy en 2021 continúo apoyando militantemente la emancipación de las comunidades kurdas, palestinas, escocesas, uigures y/o catalanas, actitud que me causa tropiezos hasta en el mundo académico.

Ese inolvidable día, comencé a escribir mi libro *De la Revolución a la Descolonización – Un itinerario político y diplomático 1952-2006* cuyas 522 páginas terminan sobre el futuro boliviano inaugurado esa fecha, con una palabra alemana *unsicherheit* (incertidumbre) que resultó premonitorio por lo que aconteció en el país, desde entonces.

Años mas tarde, cuando Evo decidió llevar ante la Corte Internacional de Justicia (CIJ) la demanda contra Chile sobre la "Obligación de negociar un acceso soberano al Océano Pacifico", seguí de muy cerca la evolución del proceso, asistiendo a todas las audiencias como corresponsal de *La Razón* y sosteniendo regularmente intercambio de información y de opiniones con el agente Eduardo Rodríguez Veltzé, el vocero Carlos D. Mesa Gisbert , el ministro de la Presidencia y DIREMAR. A ello debe añadirse que mis vínculos académicos en Francia me permitían tener información privilegiada de ambas partes en el litigio. Todo lo cual me proveían de elementos útiles para avanzar un pronóstico aproximado al fallo final del pleito.

A mi modo de ver, la demanda debía estar sostenida por tres aristas: la argumentación jurídica, el posicionamiento político y la acción diplomática manifiesta y encubierta. Lamentablemente, de ellas, la más flaca fue la calistenia diplomática carente de labores de inteligencia informativa. Seguidor de otros casos presentados ante la CIJ y amigo y confidente de antiguos presidentes de la CIJ, poseía datos relevantes que me llevaron a escribir un trabajo graficado en video intitulado

Como se cocina un fallo en la CIJ que incluso lo presenté en La Paz, en un coloquio organizado por la fundación presidida por Horst Grebe.

Poco tiempo antes del fatídico 1 de Octubre del 2018, tuve la ocasión de cruzar a Evo en La Haya y manifestarle mi pesimismo, sin poder sustraerle tiempo para que escuche mi razonamiento. Evo, eterno optimista, solo atinó a reaccionar diciéndome " Ah no….vamos a ganar por goleada…"

Ante la inutilidad de argumentar mi pesimismo acarreé mis dudas hasta el 30 de septiembre, víspera del fallo, donde a las 6 de la tarde, en el lobby del hotel donde se hospedaba Evo, me encontré con el embajador Eduardo Rodríguez Veltzé a quien le expresé mi pesimismo y le aconsejé que el presidente debiese abstenerse de asistir a la lectura del fallo en la CIJ, para evitar una humillación en persona. Eduardo Rodríguez Veltzé me confió que se habría opuesto al viaje de Evo a La Haya y que en Nueva York le dijo así al propio Evo. Entretanto, yo veía a los miembros de la comitiva presidencial precipitarse a la suite del jefe, alguno de ellos portando el borrador del discurso que Evo pronunciaría ante la prensa, una vez conocido el veredicto favorable a Bolivia. Lamentablemente, al día siguiente, la CIJ decidió por 12 votos contra 3, negando la petición boliviana, postergando la aspiración marítima *sine die*.

Otra vez más, Evo perdía una baza importante para su reelección, después del revés sufrido con el 21 F que le negaba la reelección indefinida. El 10 de noviembre de 2019, acusado de fraude electoral por la OEA, Evo renunció a la presidencia y precipitadamente dejó el país para refugiarse en México. Frente a la convulsión social desatada y el vacío de poder, la secuencia constitucional elevó a la senadora Jeanine Añez para sucederle en el mando. Nuevas elecciones realizadas en Octubre de 2020, permitieron el tranquilo retorno de Evo a Bolivia, pero tiempo después la Corte Interamericana de Justicia, resolvió que la "reelección indefinida" no era un derecho humano, enturbiando la tercera elección de Evo Morales Ayma y poniendo en duda alguna fresca postulación posterior.

Evo no se rinde fácilmente y continúa a sus 62 años, en la jefatura del MAS, su instrumento político, en activa campaña, como diciendo "no se adonde voy, pero siempre llego"

Evo Morales en La Haya

JEANINE AÑEZ (1967...)

Abogada, nacida en San Joaquín, Beni el 13 de agosto de 1967, como vicepresidenta del Senado, asumió la presidencia constitucional del Estado, del 12 de noviembre de 2019 hasta el 8 de Noviembre de 2020, totalizando once meses y 27 días de gestión oficial. Actualmente guarda prisión preventiva desde marzo de 2021, aguardando un juicio de responsabilidades que aún no se ha instaurado en su contra.

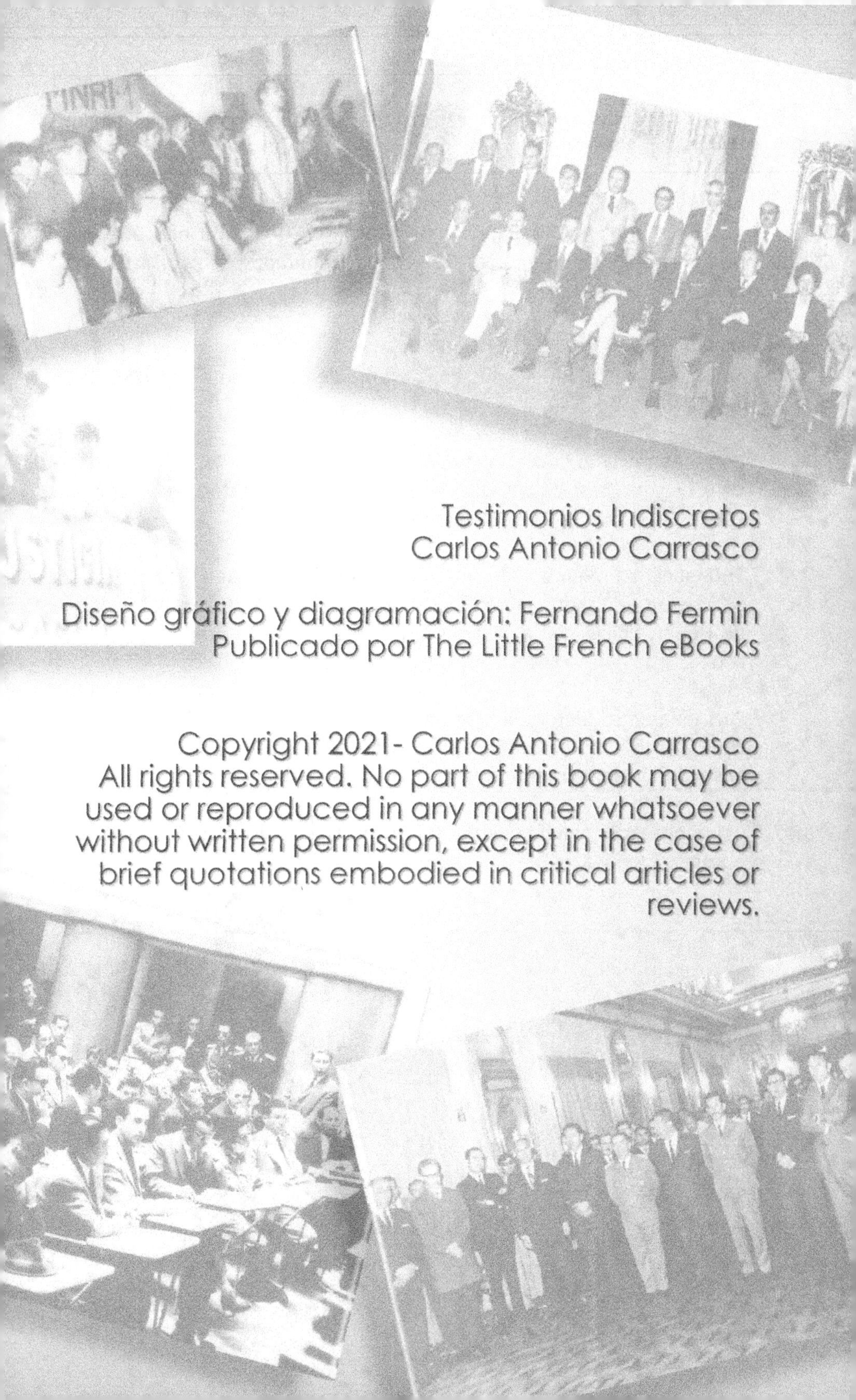

Testimonios Indiscretos
Carlos Antonio Carrasco

Diseño gráfico y diagramación: Fernando Fermin
Publicado por The Little French eBooks

Carlos Antonio Carrasco, doctor en Ciencias Políticas por la Universidad de París,

Autor de una veintena de obras sobre relaciones internacionales, ha desempeñado en Bolivia, los cargos de Ministro de Educación y Cultura y de Informaciones y Deportes. Fue elegido diputado por Potosí (1964) y por Cochabamba (1979).

Diplomático de carrera, ha sido embajador en Francia, en Portugal, en Túnez y en Canadá. Delegado Permanente de Bolivia ante la UNESCO, en tres ocasiones.

Como funcionario de Naciones Unidas, fue Embajador-Representante de UNESCO en Brasilia, del UNFPA en Caracas y Director para América Latina y el Caribe de la UNESCO, con sede en Paris.

En Francia es Miembro de la Academia de Ciencias de Ultramar, de la Asociación de Escritores en Lengua Francesa, Comendador de la Legión de Honor, Oficial de las Palmas Académicas y de la Orden de Artes y Letras.

Paralelamente, ejerció la cátedra universitaria en Briarcliff College de Nueva York y en el Centre d'etudes diplomatiques et strategiques de Paris, donde actualmente continúa como docente.

Columnista permanente de La Razón de La Paz y cronista en revistas europeas.